(世界500强高效管理笔记)

给你一个团队，这样抓落实

汪承虎 ◎ 著

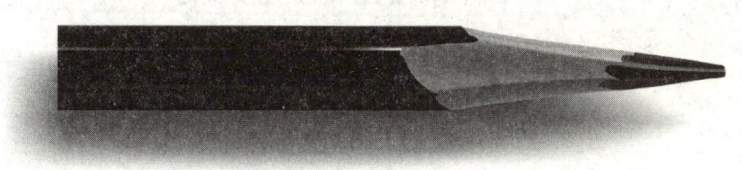

中国商业出版社

图书在版编目（CIP）数据

给你一个团队，这样抓落实 / 汪承虎著. —北京：中国商业出版社，2018.7

（世界500强高效管理笔记）

ISBN 978-7-5208-0414-1

Ⅰ.①给… Ⅱ.①汪… Ⅲ.①企业管理-组织管理学 Ⅳ.①F272.9

中国版本图书馆CIP数据核字（2018）第124611号

责任编辑：唐伟荣

中国商业出版社出版发行

010-63180647　　www.c-cbook.com

（100053　北京广安门内报国寺1号）

新华书店经销

北京彩虹伟业印刷有限公司印刷

*

710×1000毫米　1/16　16印张　210千字

2018年8月第1版　2018年8月第1次印刷

定价：48.00元

*　*　*

（如有印装质量问题可更换）

前　言

　　获取更多利润，持续把公司做大做强，领导者首先要重视人，必须能识人、会用人，善于开发人才、带出一支优秀队伍。用错人和没有人用，哪一种情形更可怕？没有人可用，会造成人员的欠缺，影响工作的进行，相当可怕；用错了人，把工作的过程弄错，结果一团糟，甚至留下一大堆后遗症，更加可怕。优秀的领导者不在于自己多么能干，而在于是否有统领之术、支配之法，出神入化地使用人才，带出一支有战斗力的队伍，从而创造出一流的业绩。

　　什么是卓越的领导力呢？英国卡德伯里爵士认为："真正的领导者鼓励下属发挥他们的才能，并且不断进步。失败的管理者不给下属以自己决策的权力，奴役别人，不让别人有出头的机会。"

　　科学家在观察蚁群搬运食物时发现，在成群的蚂蚁中，大部分争先恐后地寻找搬运食物，可以说是相当勤劳。但有少部分蚂蚁则整日东张张、西望望，似乎无所事事，它们被科学家称之为"懒蚂蚁"。

　　为了深入研究这些懒蚂蚁在蚁群中如何生存，科学家在这些懒蚂蚁身上都做上了标记，然后断绝蚁群的食物来源，并将蚂蚁窝破坏掉。在随后的观察中发现，那些勤快的蚂蚁都不知所措，一筹莫展，而懒蚂蚁则挺身而出，带领伙伴们向自己侦察到的新食物方向转移，并顺利地建起新的蚁窝。

接着，科学家把这些懒蚂蚁从蚁群里抓走，结果他们发现，剩下的蚂蚁都停止了工作，乱作一团。

科学家认为，在蚁群中，勤有勤的原则，懒有懒的道理，勤与懒是相辅相成、缺一不可的。但是相比之下，蚁群中的懒蚂蚁要比只低头干活、不抬头看路的勤快蚂蚁重要得多。因为懒蚂蚁能看到蚁群面临的问题和解决问题的办法，是蚁群赖以生存的组织者和指挥者。

领导者就好比是蚁群中的"懒蚂蚁"，担负着组织和领导职责，领导者的决策正确与否，将直接关系到这个组织的兴衰成败。所以，领导者要把主要精力用在"侦察"、"研究"和"指挥"上，而不是埋头苦干上。要知人善用，善于挖掘部下潜能，充分发挥部下作用。没必要事无巨细，事必躬亲。只有懒于杂务，才能勤于思考，作出正确决策。

太平洋建设集团有限公司创始人严介和说过："一流的老总每天工作三小时，二流的老总每天工作五小时，三流的老总每天工作八小时。管理是管人、用人、育人、做人的艺术，无需事必躬亲。"学会带队伍，借助团队的力量成就伟大梦想，实现企业持续健康发展，是领导者的神圣使命。反之，领导者事必躬亲，自己从头忙到尾，而团队成员无所事事，或者工作不得章法，势必影响团队的整体效率以及企业健康发展。

领导者绝对不能轻易帮着下属做事情，只能是指导下属做事情；领导者只应履行自己的职责，而不应好心甚至是热衷于做下属的事情，否则，不仅自己本职的工作做不好，下属也失去了锻炼的机会和工作压力，意味着两个层级都失职了。

领导者必须发动下属和自己一样忙，让下属在其职责范围内也紧张起来，否则自己忙得焦头烂额，而下属不忙，往往意味着该做的工作没有做或者是上级替下属干活。这是领导者在管理上最容易犯的错误。

总之，作为一个企业的领导者，首先要建立管理团队，因此需要统筹者的角色，掌控大局，兼容并包，同时要不断地推动公司操作层的前行，所以需要实干家的务实高效、不断开拓进取的精神和行为。世界 500 强企业之所以持续发展壮大、高效运行，得益于领导者出色的管理能力，他们善于带领团队解决问题、开拓市场，因此在实现企业与员工成长的同时，也出色地完成了高效能领导之责。

目　录

第 01 章　狮子率领的羊群能打败绵羊率领的群狮

兵熊熊一个，将熊熊一窝　　　　　　　　　　　　002
狮子率领的羊群能打败绵羊率领的群狮　　　　　　004
和谐与制衡是管理的基本目标　　　　　　　　　　008
让最合适的人做最合适的事　　　　　　　　　　　010
没有不称职的人，只有不合适的职位　　　　　　　013
给下属一个自由的空间　　　　　　　　　　　　　015
上下相互信任是管理的基础　　　　　　　　　　　018
做一名大度的管理者　　　　　　　　　　　　　　020
尊重每一位员工　　　　　　　　　　　　　　　　023
善于激发每个人的潜能　　　　　　　　　　　　　026

第 02 章　搭班子：构建一个高效而卓越的团队

寻找志同道合的卓越伙伴搭建企业班子　　　　　　032
有战斗力的班子才是好班子　　　　　　　　　　　035
过硬的一把手是有战斗力的班子的核心　　　　　　038

选班子成员要有科学性 　　　　　　　　　　　　040
建"精品"班子，避免家族班子的产生 　　　　044
班子成员要发挥承上启下的桥梁作用 　　　　047
班子成员要有协同作战的意识 　　　　　　　051
领导班子结构分析 　　　　　　　　　　　　054
班子内部的协调发展 　　　　　　　　　　　059
解决"1+1＜2"的问题，发挥班子成员的力量 063
群策群力才是发展之路 　　　　　　　　　　067

第03章　知人善用，给人才用武之地

注重继任者的培养和选择 　　　　　　　　　072
别过于依仗家族成员 　　　　　　　　　　　076
尊重非正式的团队协作——自组织 　　　　　080
知人善任，用其所长 　　　　　　　　　　　082
管理要以人为本 　　　　　　　　　　　　　086
执行"精简高效"不容拖沓 　　　　　　　　090
不拘一格用人才 　　　　　　　　　　　　　094

第04章　职责明确，实现团队高效协作

管得好的企业都是单调乏味的 　　　　　　　098
群策群力方能成功 　　　　　　　　　　　　100
管管你的上司 　　　　　　　　　　　　　　104
放手让下属自己去干 　　　　　　　　　　　109
没有合适的人，再好的策略也没有意义 　　　112
正确地处理人际关系 　　　　　　　　　　　115

高明管理者的下属不需要管理　　　　　　　　　　　　119

第05章　领导者要管头管脚，但不能从头管到脚

　　学会授权是关键　　　　　　　　　　　　　　　　124
　　根据每个人的长处充分授权　　　　　　　　　　　126
　　合理统筹安排，放手让员工去做　　　　　　　　　128
　　指挥千军万马不如善点良将　　　　　　　　　　　130
　　放心授权，哪怕他是新聘员工　　　　　　　　　　132
　　合适的人选是授权的前提　　　　　　　　　　　　134
　　授权要有张有弛　　　　　　　　　　　　　　　　135

第06章　目标管理：让员工干劲冲天

　　企业的目标管理　　　　　　　　　　　　　　　　140
　　在共同奋斗目标的指引下前进　　　　　　　　　　144
　　伟大愿景创造梦想　　　　　　　　　　　　　　　146
　　目标明确，让员工有的放矢　　　　　　　　　　　149
　　规划美好蓝图，让员工充满信心　　　　　　　　　153

第07章　有效的激励机制可以发掘员工的最大潜能

　　掌握赞美的技巧　　　　　　　　　　　　　　　　156
　　激励要因人而异　　　　　　　　　　　　　　　　160
　　物质与精神奖励相得益彰　　　　　　　　　　　　163
　　放入"鲇鱼"，让员工保持紧张感　　　　　　　　164
　　斥骂激励让员工知耻而后勇　　　　　　　　　　　166

了解员工的需要　　　　　　　　　　　　　168
把赞扬当作一件礼物　　　　　　　　　　172
感人肺腑的真诚关心　　　　　　　　　　173
掌握激励机制的秘诀　　　　　　　　　　174
善于说"你对了"　　　　　　　　　　　179
"百分俱乐部"计划　　　　　　　　　　182
尊重员工，满足员工的多样化需求　　　　184
让员工觉得你对他好　　　　　　　　　　186

第08章　奖惩分明：推行"胡萝卜加大棒"政策

二八法则：重要的多数和烦琐的少数　　　192
差异化才是公平　　　　　　　　　　　　195
奖励失败，不只是奖励成功　　　　　　　196
将业绩作为提拔员工的标准　　　　　　　201

第09章　留住英才是成就事业的关键

作出让步，留住进取心强的人才　　　　　206
设法满足人才的需求，让他们自动留下　　209
不合理的禁令会"逼"走员工　　　　　　212
平等对待员工，让他们有"家"的感觉　　213
单靠金钱并不能留住人才　　　　　　　　215
不愠不火应对员工的不满　　　　　　　　220
建立内部劳工组织，稳定员工的心　　　　221
冷静面对优秀员工的辞呈　　　　　　　　224
赢得员工忠诚的六项工作　　　　　　　　226

第10章 引爆团队精神，让企业发展壮大

引爆你的团队精神	230
团队精神是团队稳定的保证	231
建立一支优秀的团队	235
团结是塑造团队精神的前提	238
努力培育员工的信念和精神	240
注意精神培训，加强凝聚力	242

● 第 01 章 ●

狮子率领的羊群能打败绵羊率领的群狮

兵熊熊一个，将熊熊一窝

无论是读史书还是看历史题材的电视剧，古代争夺帝王的队伍都出现了这样的现象：整个队伍不是能征善战屡战屡胜，就是将帅无能屡战屡败。这种现象不是胡编乱造出来的，它确实存在于古代战争中。这种现象突出了"将"在战争中具有举足轻重的作用。主要兵书也都无一例外地讲到过这个问题。《孙子兵法》说："故知兵之将，民之司命，国家安危之主也。"并把"将孰有能"放置在"主孰有道"以下的第一个位置上进行论述，是"七计"中的第二计。古代兵书中《孙膑兵法》也写有《将义篇》，还有诸葛亮的《将苑》等。

（1）千军易得，一将难求

古代的两军交战，首先是做大将的一对一地进行单挑，久战不下才会下令大队厮杀，若是一方的大将被对方的大将打败或杀掉，那么这方的军队也会一哄而散、不堪一击。可是谁也没听说过在哪场战斗中，因为有一两个小兵被杀而使整个队伍失去战斗力、输掉战争的。现代企业的经济竞争如同古代的战争一样，如果某个企业领导班子出现了问题，影响的将是整个企业的前途，而企业内某个员工的错误则不会对企业带来什么重大的影响。

一个企业的核心力量在于领导班子，领导班子决定着企业的命运。的确如此，其道理就像古井贡集团董事长王效金先生常说的那样："兵熊熊一个，将熊熊一窝。一个企业生产能力和竞争实力的大小，关键在于领导班子成员是否有这个将才。"打造一种顽强的企业战斗力，修炼一种执著的团队精神，领导班子就是决定性的因素，也是打造强大企业的中流砥柱。三国时，曹操、袁绍共讨董卓，议论如何取天下。袁绍认为，靠军事实力。曹操则说："吾任天下之智力，以道御之。"曹操说的智力就是领导班子的能力。

千军易得,一将难求。古来明君贤将总是把物色领导班子人选作为谋事的首位问题予以考虑的。周文王为求将,甘当姜太公直钩上的鱼;刘备为求将,甘心三顾茅庐,与"山野村夫"结下鱼水之情。事实胜于雄辩,在以这些人为核心的领导班子,不但各位班子成员骁勇善战,就连手下的"小兵"一个个也是斗志昂扬。

战争需要伟大的将帅,办企业同样需要好的领导班子。古语有云:"欲治兵者,要先选将。"什么人可以进入企业的领导班子,需要我们细心地审查一番。如果在班子中引入一些没有什么办事能力而且消极的人,那么这个领导班子肯定会受到影响,也势必影响到整个企业的大局。

(2)选将之道,贵在尚贤

用将要尚贤,墨子说:"尚贤者,政之本也。"何谓贤,司马光的《资治通鉴》有解释,说:"惟才德皆备皆贤士也。"又说:"才者,德之资也;德者,才之帅也。"《孙子兵法》曾经对将才的标准作过论断:"将者,智、信、仁、勇、严也。"企业领导班子成员应具备什么条件呢?战国时白圭在讲了"吾治生产,犹伊尹、吕尚之谋,孙吴用兵,商鞅行法是也"之后,提出了建立领导班子的用人观时说"是故其智不足与权变,勇不足以决断,仁不能以取予,强不能有所守,虽效学吾术,终不告之矣"。白圭的用人标准是智、强、仁、勇,这标准大致同孙武讲的智、信、仁、勇、严差不多。

现代企业若想发展,选这些"将"的时候一定要慎重。

一要看这些人是否真的具有统领全军或一个部门的领导才能。

二要看这些人是否有为企业发展鞠躬尽瘁的态度和决心。

三要看这些人是否善于在做自我批评时,发现管理中由他们自身引起错误的本质并加以改正。

四要看这些人要有能令员工们信服的管理方法，也可以说是能否管得住人。

五要看这些人是否具有严谨的工作作风，在企业发展中起到模范带头作用。

这或许就是新时期建立领导班子的选"将"标准吧！

某企业一直都处于亏损状况，为此企业的领导班子专门在员工中寻找各方面的问题。尽管找到了各种各样的问题并加以改正，企业还是没能摆脱这种亏损的状态。我们分析一下这个企业的状况吧！可能在职工中存在一些问题，但是这些问题根本不会导致企业处于亏损状况，其根源还是在领导班子领导不力上。企业员工如同军队里的士兵一样，上级下达什么工作指令，他们便按指令执行。一旦领导班子在决策上出现错误，员工们做出来的事情肯定会变成无用功。可见这种原因出在了领导班子中，只能说这个企业的领导班子没有过硬的管理能力。这样的领导班子无疑就是我们今天谈论的那种熊了一窝的将领。这些将领不符合我们定义的那种进入领导班子的标准，所以他们在管理的时候不但没有这个能力，他们带出来的"兵"，甚至由他们组成的领导班子都是没有战斗力的，更谈不到发展企业了。

在事实面前，我们不得不承认领导班子在整个企业发展过程中起到的作用。所以企业在搭建领导班子的时候一定要严格把关，不能让"熊将"进入其中。

狮子率领的羊群能打败绵羊率领的群狮

一个企业能够成功，说明它的内部必定有一个领导力和执行力均强的领导班子，否则把事情布置下去之后，下面的人未必照你的意思去做，企业的成功也就无从谈起了。

第 01 章
狮子率领的羊群能打败绵羊率领的群狮

法国皇帝拿破仑曾经说过:"一头狮子率领的一群绵羊,可以打败由一头绵羊带领的一群狮子!"表面上,这句话无疑夸大了领导班子的作用,但事实却证明了这句话的价值:拿破仑带领着法兰西军队缔造了法兰西帝国,先后多次打垮了欧洲各个封建君主国组织的"反法同盟",保卫了由资产阶级创造的胜利果实,并在欧、非、北美各战场上,进行了对欧洲各封建国家的战争,削弱了欧洲大陆的封建势力。从实力上看,拿破仑无疑就是那个率领羊群的狮子,而欧洲各个封建君主国的"反法同盟"正是被羊率领的群狮!

从综合实力上看,羊率领的群狮要比狮子率领的羊群强,而且在很多时候,羊的才干并不比狮子差,为什么偏偏会被打败呢?道理很简单:一方面,狮子的领导能力强,很轻松就能领导和驾驭一群羊,让自己的主张和政策能很顺利地执行下去;另一方面,群狮的执行力差,一只羊无论如何也不能统率一群狮子。

2004年,上海柴油机股份有限公司启动了"狮子工程",意在培养上柴高层的领导力。"狮子工程"正是由拿破仑的那句名言演变来的:如果一家企业没有一个好的领导班子,即使员工都是骁勇善战的"狮子"也未必能带动整个企业的发展。而上柴就是要通过"狮子工程"培育出一个有强大领导力的"狮子",从而带动整个上柴的发展。

正是如此,2005年7月4日,它才有实力与世界知名汽车制造商——日本日野自动车株式会社,共同出资在上海西南郊区成立了上海日野发动机有限公司。同时,我国首批规模化批量生产的欧Ⅲ柴油发动机——P11C在这里下线,结束了这一机型只能依赖进口的历史。

经济学中有一个著名的"二八原则",对于企业管理和成为优秀的领导班子同样适用。一个企业的发展结果,来源于领导班子——占极少数的那部分人决定一个企业的命运,而被领导的大多数人去完成这些人所规定的任务,按方向去落实它的结果。在企业的竞争过程中,起决定性作用的是占少数的班子成员，这就是"狮子"自身的领导能力问题了，那么领导班子成员是如何打造卓越领导力的呢？

首先，班子成员要具备的就是一些领导的基本能力。这些基本能力有12个方面的内容：第一，批判性思维；第二，创新能力；第三，口头表达能力；第四，写作表达能力；第五，第二环境的口头表达能力；第六，第二环境的文字表达能力；第七，表现出来的人际关系处理当中的可信赖的程度；第八，打算变化和另一个人的关系时的动作能力；第九，组织能力；第十，服务导向能力；第十一，安排时间的能力；第十二，信息传递能力。

而作为一个企业的领导班子成员，若想促进企业的发展还应进一步将这12个基本能力分三个方面表现出来：

（1）横向和纵向的全过程控制

横向控制是指作为班子成员，要通过12个方面基本能力的运用，最终表现出对企业整个商业环节的全过程穿透和因果关系的全部洞察把握。在企业内部从原材料采购、产品设计到销售的全过程都要熟悉。纵向控制是指作为班子成员，对商业环节的某个细节要能比一般员工更加深入和了解。如果这个能力没有，就一定要是一个什么都懂的杂家，杂到可以明察秋毫并清楚所有的因果关系和接口，这样就可以在企业里立足了。因此，关于横向和纵向的控制至少应掌握其中一种。

（2）信息的正确处理

对纵向和横向控制表现的变化信息的处理能力称之为综合处理能力。由于洞察各个环节之间的因果关系，所以在事务安排上就不会处理失当，在战略上就更能够掌握主动权。全过程控制是信息的正确处理的基础，要在事务的处理过程中正确判定和区分轻重缓急，从信息的收集、整理、分析、加工、备案等方面设置相应的机制和规则，并在处理之后进行正确的总结评价，使决策效果持续改进和提高。

（3）形成明确的个人风格

风格是一种投资，它会在一生中影响人的产出。作为一个普通人，或许风格并未显得那么重要，但对于企业班子成员而言，塑造风格则很重要。例如，有些人的风格是一贯果断和强硬，似乎缺少人情味，但他做事从来一是一、二是二，坚持原则，不徇私情也从不冤枉人，这是优秀的；而有些人的风格是温文尔雅，把所有事情考虑得很仔细，都要打破砂锅问到底，从来不漏掉每个细节，那么大家在依赖他这种个人风格的时候，就会去找他，因为知道他具有这样一种个人风格。所谓风格也同样有好坏之分，我们当然要努力树立一些好风格，个人风格的设计，要跟自己的性格相符，而且要不断表现。拥有好的个性风格的班子成员，便能利用个人魅力领导下属。

如果能够有效运用这12个方面的基本能力并最终将其表现为横向和纵向的全过程控制、信息的正确处理以及形成个人风格这三个方面的结果，那么就具备了卓越的领导力了。

海尔集团首席执行官张瑞敏曾谈到，一个企业的领导要有将一件事从头抓到底的韧性。这句话在某种程度上反映了执行力对于企业的重要性。许多企业的领导班子都有这样的烦恼：布置的任务或者一个制度经常得不到落实，或者落实得如何企业领导者不知道，这反映出企业执行力方面存在很大问题。

在一个企业中，如果班子成员没有什么威信，那么这种执行力自然高不了。其次，群狮自身对命令的贯彻上也存在问题，它们从来都是我行我素、很少出现群居现象。无怪乎羊率领的群狮会被打败！

综上所述，不难得出结论：企业若想致力于长远发展，就必须建立一个拥有很强领导力的领导班子，让企业内部的"羊群"发挥作用，来带动企业发展的进程。

和谐与制衡是管理的基本目标

　　管理有两个基本目标，一个是和谐，一个是制衡。使员工在和谐中不徇私，在相互竞争、牵制和监督中不损和谐。这是经营管理的最高境界。

　　哈罗德·孔茨说："对于管理的所有职能来说，平衡原则是普遍适用的。"公司内部的和谐一致，是公司发展的基本条件。这里所说的和谐，是指在管理者制定的目标和原则下，各人都有自己应负的责任，都有自己应守的立场，各人以协调、合作的精神去完成自己的任务。

　　员工彼此各干各的，谁也不管谁，这固然有悖和谐，但如果大家都是老好人，有意见不肯讲，不肯得罪人，大家表面上和和气气，实际上彼此和稀泥，这也不是和谐的本意。

　　还有一种情况，有的人彼此私交不错，凡事都能互相包涵，你拜托我做的事不管对不对，碍于面子不好意思拒绝。我请你帮忙，即使对公司不利，你也不能拆我台。他们之间够"和谐"了，可是这比老好人或者彼此冲突更糟。

　　如果员工彼此不合作，管理者一眼就可以看出来，并马上调解，促使他们协调；如果是老好人，管理者也能发觉，个别做工作。惟独对那些为了私交连原则都可以牺牲的人，管理者不容易看出来，他们之间的"和谐"，是对公司利益的潜在威胁。外国人曾说我们是个"私情重于公益"的民族，这当然有点言过其实，但是为了私情而损害公事的事情确也不少。

　　当然，想使所有的员工彼此之间都毫无芥蒂，相处得如兄弟一样，这是根本不可能的事。彼此感情好的有，感情坏的有，感情不好不坏的也有。身为管理者大可不必为这种事费心，这是很正常的现象，只要每个人都能为整体目标努力工作，你所要求的和谐理想就达到了。何况，公司所需要的和谐，是在不同中求统一。每个部门或岗位，为了完成任务，在做法上也许彼此有利害冲突，或者有意见分歧，但这些分歧和冲突，是在完成任务这个总目标之下产生的，不是为私而是为公，这就需要管理者的协调。虽然各部门的工作方法或许不同，但为公司发展的想法应该是一致的。

事实上，企业设有不同部门、不同岗位，除了有专职专责的意义之外，也具有相互监督、制衡的作用，其目的是使任何人、任何部门都不能随心所欲，为所欲为。因为公司是个有敏感反应的有机体，这些都会提醒管理者及时处理。

"制衡"还有另外一些作用，那就是平衡员工的情绪，激励员工的进取心。

例如，公司要提拔一个人，按一般人的想法应该提升甲，但管理者有自己的考虑，结果提升了乙。甲当然心里不是滋味，这时你为了平衡甲的情绪，应该想办法在其他方面给他一些补偿，使甲觉得你不是不重视他，从而打消他心中的不满情绪。

再如有些员工骄气太盛，一受到重视，就目中无人，不可一世。这种人如果不给一点磨炼和挫折，由他的个性发展下去，势必会影响公司的发展。因为管理者对他好，他跋扈一点，别人也奈何不得，久而久之自然引起别人的不满，甚至连带对管理者也有了怨气，觉得他欺负人是管理者宠的。对这个骄态毕露的员工，一定要找机会挫一挫他的骄气，这不仅是对他的磨炼，也是平复其他员工情绪的平衡艺术，让他们知道管理者是大公无私的。

有些管理者在人事安排上，也常常暗含制衡作用。例如，同级不同部门的主管，他绝不安排两个非常合得来的人。这看起来好像跟和谐的宗旨相矛盾，实际是和谐的最高运用。一个能力强、驾驭力高超的管理者，决不害怕员工骨干分子之间闹意见，他知道人们之间有意见，自然会为了争取管理者的赏识和重视而竭尽全力运用智慧在工作中表现自己。

相反，两个主管，如果一个太强，一个太弱，也不是好事情。弱的一个只求相安无事，而强的一个为了更多的表现而往往"飞象过河"。一弱一强，失去了平衡，得不到真正的和谐。喜欢趋炎附势的员工自然讨好强的一方，生性耿直的人又自然看不顺眼而满腹牢骚，这样下去哪里还有什么和谐？

因此，公司内部也要有竞争，没有竞争就没有进步，从竞争中求得制衡。当然，这种竞争必须是能力上的竞争、工作业绩上的竞争，而绝不是人事上的倾轧。

和谐是由于制衡运用得当而产生的，不懂得运用制衡的管理者，公司内永不能求得真正的和谐。就像一台秤，你要随时把不同类型的员工调整到他们适当的工作位置，这台秤才能摆平，公司内才能出现平衡、和谐的局面。

让最合适的人做最合适的事

领导者并不只是任意挑选想用的人，而在于使自己的部属都能得到适当的运用，发挥最大的能量。

任何人做一件工作，都应该仔细考虑：自己能干什么？自己适应干什么？选择国企还是外企，是大公司还是中小企业？这都要因人而定。比如说：有的人在大公司很称职，有的人在中小企业反而会有更好的发挥，能够获得足够的经验，变得日趋成熟。

人生一世，理想和希望是必需的，欲望和野心也是可以有的，但却要控制，不能任其膨胀。实际上，欲望和希望，野心和理想仅是一步之隔，超越了，就可能转化成对方。因此，即便是在构筑理想和希望之时，也要踏实一些。松下幸之助认为，不为名利所动，在适合自己的岗位上工作，才是人生的真正乐趣。倘若为名利地位而去干那些不适合自己的工作，必

第 01 章
狮子率领的羊群能打败绵羊率领的群狮

然惨遭失败,从而剥夺了自己的工作乐趣,也会给社会带来痛苦。

松下幸之助认为:年轻人抱着理想或希望并非不可,但对个人的欲念则要给以某种程度的抑制。什么样的人适合担当领导职务,哪些人又不适合担任领导职务呢?松下积累了数十年的经验告诉我们一个用人的基本原则——适才适用。小材大用,大材小用,都不是理想的用人准则,惟有适才适用,才能使人发挥最大的能量。适才适用的另一层含义是,适合组织人事工作的,不能让他搞营销;适合钻研技术的,不能让他搞行政,也就是说,才能和职务必须相适应。

但是,鉴于日本论资排辈的传统习惯的影响,松下幸之助认为依上述原则的提拔也不应该草率。因此,在强调适才适用的同时,也要考虑按年资考绩的提升,即把提升与服务时间的长短挂起钩来。和年轻人比较起来,年长者经验充足,他们的年资和经验这两项,很容易受到年轻人的爱戴和拥护,所以对公司的业务也是大有助益的。

年资考绩和适才适用,各有优缺点,怎样协调二者呢?松下的经验告诉了我们这样一个比例,即在提升的时候,考虑的因素中年资占70%,才干占30%,这样才比较合适。如果是相反,就可能因经验不足而闹出笑话来。

年资、才干的比例之和是100%,但是,提拔一个人的时候,并不一定要看100%的把握。因此,有时候要抱着"为所当为"的大无畏气概为公司的前途和业绩而冒一些险。松下就实施了这样的制度,他说,"如果确信某人60%的能力,便可以试着提拔到更高一级的职务。其中这60%是判断,其余40%是下赌注。应该注意到的是,有些人看起来只有60分,但由于公司的信赖和支持,往往能极其出色地完成工作。"

松下认为,对于有功者在公司的任职,要非常注意不可。一般来说,对有功者应给以"俸禄"。在公司也就是要给予奖金。对有功者给以高职的回报是错误的,高职应与高能力配合,如果不是这样,结果是显而易见的。任何一个经营者都不能囿于成见和习惯势力的压迫，而委高职于才能平平的人。

松下明智地看到了年轻人的力量，主张"实力胜于资历""让年轻人任高职"。之所以有这样的主张，是基于生理的、社会的基础。松下认为，一个人，30岁是体力的顶峰时期，智力则在40岁时最高，过了这个阶段，智力、体力就会下降，慢慢地走下坡路。尽管也有例外，但大体情况如此。因此，职位、责任，都应与此相适应，才是合乎规律的。

松下提出的"实力"概念，是很有意味的。他认为，有实力，不仅要能知，而且更要能行，这才是实力的象征。阅历、经验，当然是年长者多一些，但这并不等于"实力"，老年人也许能知，但往往力不从心，所以，未必能行。相比较来说，还是三四十岁的人更具实力。有实力的人，当然应该委以重任。

同样，创造也是离不开年轻人的，这是与人在各年龄段的生活观念相联系的。人的眼光也有年龄的区别：青年人向前看，中年人四周看，老年人回头看。因此，老年人多保守，给他们创新的任务显然是不合适的，这项使命应该放在年轻人的肩上。

但是，根深蒂固的东方文化传统，并不轻易容许年轻人脱颖而出。松下深知此点，因此，他有一个缓冲的办法，那就是经常听取年轻人的意见。松下在决定一件事的时候，往往要听取年轻人的意见，亲自向他们问询。平常，年轻人直接把自己的意见讲出来，正确并富有建设性，但会因为人微言轻而不被采纳；但如果公司首领征求他们的意见，分量就大不一样了。这就是巧妙的领导艺术，松下即很看重和欣赏这种技巧。他认为年长的企业领导，应该吸取年轻人的智慧，巧妙地推进工作。

管理者要驾驭人才，就要准确地识别人才，合理使用人才。大材大用，小材大用，都不合适宜。惟有适才适用才是各级各项工作层层推进的重要保证。

没有不称职的人,只有不合适的职位

古人云:"为政之要,惟在用人。"古今中外,大到一个国家,小到一个企业,兴衰成败的关键均在于用人。当今的市场竞争集中地表现为人才的竞争,所以大家都千方百计地吸引人才、重用人才,而且不同的企业都有不同的用人之道。

管理大师杜拉克认为,有效的管理者在用人所长的同时,必须容忍人之所短。因为每个人都有自己的优缺点,有效的管理者就是要用人的优点,但用人优点的同时,必须要接受他的缺点。

海尔的用人理念是"人人是人才,赛马不相马"。据1997年的材料介绍,海尔拥有大专以上文化程度的人才2146人,中专、高中文化程度845人,平均年龄26岁。

有些企业或许没有海尔那么多人才,完全靠"赛马"选人才不具备条件,完全靠"相马"选人才不科学,而且还不可能引进很多高水平的人才,所以像这样的企业必须从现有的人才资源出发,选择适合企业实际情况的用人之道,这就是"让合适的人做合适的事"。杜拉克认为,适合本企业实际情况的用人之道就是最好的用人之道。

人各有所长,也各有所短,在世界上全身都是长处或者都是短处的人是没有的。杜拉克的用人理念就是要人尽其才,才尽其用,用其所长,尽其所力,用得"合适"就是最佳的状态。

清朝的顾嗣协写过这样一首诗:"骏马能历险,力田不如牛,坚车能载重,渡河不如舟;舍长以就短,智者难为谋,生材贵适用,慎勿多苛求。"他告诉后人,用人要扬其长而避其短,根据人才的能力任用他到恰当的、合适的职位上。

汉高祖刘邦手下有三杰,他们分别是张良、萧何和韩信。张良有谋划才能，萧何有管理组织才能，韩信有统率千军克敌制胜的军事才能。刘邦根据三杰各自的能力和特长而分别任其为谋士、丞相和大将，达到了人尽其才、适才所用的目的。

松下幸之助说："关键并不在于用这个人而不用那个人，而往往在于怎样使自己的每个部属都能得到最恰当的运用，发挥最大的功能。"因此，企业要发展，就必须思贤若渴，重金聘用人才。但是作为管理者，首先要考虑的是将企业中的员工尽可能地安排到合适的岗位，将他们的潜能发挥出来。即使是招募的人才，管理者也要考虑是否安排到了合适的、能发挥其智慧和才能的职位上。解决不好这一问题，不仅会造成企业巨大的资源浪费，还将会产生不良后果。

要做到人尽其才，首先必须知人识人。知人识人是用人的前提条件，只有先知先识，然后才能用。知人是一件相当困难的事情，即便是"智慧化身"的诸葛孔明先生也曾因未能真正地认知马谡而兵败街亭，因为马谡有出谋划策之才，却无统兵作战之能。因此老子说："知人者智。"识别人才、了解人才是智慧的表现。

要做到人尽其才，还必须互补优势，即根据人才的性格、兴趣、能力、优点及长处，恰当地匹配人才。一个企业的效能，固然决定于人才的素质，更有赖于人才整体结构的合理匹配。合理的人才结构不仅可以实现能力的简单相加和集中，更重要的是能够使人才各扬其长、互补其短，产生"1+1>2"的合力。

总而言之，在用人时，管理者必须考虑员工之间的相互配合，如此才能发挥个人的聪明才智，这也是人事管理上的金玉良言。管理者应该在这一微妙的高明之处孜孜以求，恰当地匹配人才，达到优化互补的效果。

作为一个企业的管理者，首先需要做到的就是知人善任，用人所长。在企业管理中，常常有着这样的情况：一个人放在某个位置就工作得很好，而放在另一位置则不行。这是正常的，因为每个人都不可能是全才，就连那些管理大师也不是万能的,更何况普通人?所以管理者必须能够了解人才,给他合适的职位。其次,要敢于打破论资排辈的常规,不搞经验之谈。最后,要做到用人所长,惟才是举。黄金无足赤,白璧有微瑕。人才之所以是人才,不是因为他们没有缺点和弱点,而是因为他们在某些方面出类拔萃。

高明的管理者不在于自己有什么样的才能,关键在于自己是否会用人。在用人高手的眼中,没有不称职的人,只有不适合的职位。每个人都有自己的特点,给他一个合适的职位,他就会展示出才能。

管理者要量才使用,根据每个人的才能和特点来分配适当的工作,才能有效地发挥他们的作用,并在事业上取得成就。

给下属一个自由的空间

杰克·韦尔奇说:"我的工作是为最优秀的职员提供最广阔的机会,同时将资金作最合理的分配,投入到最合适的地方去。这就是全部——传达思想,分配资源,然后让开道路。"

很多人与上司相处时,总会紧张不安。他们总想让上司高兴却不知道怎样去做。而当上司离开时,他们反倒能全身心地投入到工作之中,并能从中自娱自乐。没有管理者在场,他们反而能更好地作出决定。

作为管理者,你可以离开员工一段时间,尽量给他们留出一些自我发展的空间。这样当你回来时,你会吃惊地发现员工在你不在的时候取得了多么令人满意的成绩。让员工自由发挥是管理者走向成功的一种有效的方式。如果你已经能够培养员工按照你所构想的方式去做,如果你让他们真正承担起自己的责任,如果你能让他们自行其是,那么,当你离开的时候,所有的一切都可以圆满的完成。

让员工拥有自己的头脑,其前提是你必须充分相信和认可他们。你给予他们的自由空间越大，他们所做的事情就越容易成功。

我们倡导管理者要善于授权，给下属一个尽情发展的空间，让下属人尽其才。人才最大的价值体现在被任用的过程中，因此，用才是否得当成为事业成败的关键。想成大事必须懂得分层负责，不要事必躬亲，只指示基本方针，其余都分给各层独立负责，自主发挥。在委任与控制的艺术上，松下幸之助认为：看重部属的长处，大胆地把工作交给部属，才是造就人才的康庄大道，也才能获得卓越成效。管理者必须具有这种气度，再配合以适当的技巧，让被委任者既能发挥主观能动性，又不至于完全脱离控制，如此便能调动部属的积极性和创造性。

有一段时间，索尼总裁盛田昭夫几乎每个晚上都和年轻的中下级主管一起吃晚饭，有说有笑，一直聊到很晚。

在聊天的过程中，盛田昭夫注意到一个小伙子心神不定，闷闷不乐，就走上前去耐心询问，叫他把心里话讲出来听一听。

小伙子看了看盛田昭夫，喝了杯酒后，终于开口了："在我加入索尼公司以前，我一直以为这是一家了不起的公司，也是我惟一想进入的公司。但是由于我职位低下，我只觉得是为某某上司卖命，而不是为索尼公司工作，这样，我的上司也就成了公司，他也就代表了公司本身。这本来也没什么，但偏偏这人是个大草包，我所做的每一件事，或者每一个建议，都要由他来决定。我因此对自己在索尼公司的前途感到失望。"

这番话深深触动了盛田昭夫，表面看来，公司已相当融洽，实际上却可能不是这样，他觉得自己必须及时了解这些藏在内心深处的问题，才能减轻许多员工心里的烦恼。

于是，盛田昭夫下令发行一份公司内部周刊，并在上面刊登每个单位或部门现有的空缺职位。这样一来，员工们都能够悄悄试探公司内部其他有可能的工作机会。公司也有意让员工有机会每两年调动一次岗位，到其他相关的岗位或新的岗位去一展身手，公司希望借此给那些有闯劲、期望一试的员工提供及时的内部调动机会，使他们重新找到适合自己的工作。

这样一来，员工们通常都有机会找到自己更满意的工作，而人事部门也可以根据员工们的调动情况，推测出具体部门管理上的潜在问题。凡是管理不当的主管，公司就将他调到另外的下属少的岗位，减少上下级的冲突。

通过内部职位流动，索尼公司也能发现一些更低职位（如守卫）的员工，对广告方案或其他类似性质的工作十分称职。过去，公司在征求打字员、司机或守卫员时，不少人因急于找工作，没考虑仔细就前来应征。人事部门或其他主管也难以彻底了解其潜在能力，也就难以每次都量才使用。

盛田昭夫觉得有了这些机会后，员工自己也要主动寻找适合自己的工作。他对一位埋怨上司的员工说："如果你对工作不满意，你有权力去找一个感觉更愉快的工作，为什么不去呢？"

盛田昭夫想，如果人能选择到自己喜欢做的事，就会精神振奋，更加投入，这起码在索尼公司已是客观存在的事实。索尼公司有多个工作岗位，同样有多个员工，没有理由不替他们安排更适合的工作。

作为管理者，你必须让员工自己安排计划，不要任何事情都过问，让员工拥有自己的头脑，重要的是弄清员工获得什么结果与如何去获取结果的区别。更重要的是，同时应给予员工足够的自由发挥的空间，让他们自我决定怎样能最好地实现你所要求他们达到的结果。作为管理者，你不要过多干涉员工的工作，放手让他们自己去做。只有在一个目标明确，又有充分自由的空间，员工才有可能最大限度地发挥自己的才智。

因此，管理者要给下属一定的自由空间，使其具有独立做主的自由，能自己作出决定，能够激发他们工作的使命感。

作为上司，必须对自己的职位职责有一个明确的定位，按照责任大小把工作分类排队,自己只做最重要的工作,其他的都可以让下属们去做,要让他们自由支配时间。给下属一个自由的空间,他们会取得更好的成绩。

上下相互信任是管理的基础

尽管许多领导者都懂得去了解员工们对企业文化的需求,但现实中却往往存在种种难以解决的问题。由于长期传统的、等级性很强的管理文化的影响,员工们往往会对这样的领导者产生疑惑,甚至是敌意。因此,若要在组织内建立有效的沟通机制,以求了解员工对组织文化的需求,就必须首先达到相互信任。

一个组织之间的成员如果互相信任,上级信任下级、下级也信任上级,都在信任的氛围中浸泡着,每一个人对另外一个人所做的事都十分信任,那么,这个组织由此产生的强大的合力,将会使其他组织无力匹敌。

用人不疑,是一条重要的用人原则。中国古代有这样一个故事:战国时期魏国大将军乐羊率兵征讨外国,得胜回朝后,魏国君主魏文侯并没有赏赐很多的金银财宝,只是交给乐羊一只盒子。乐羊原以为是非常值钱的珠宝,可回家打开一看,原来是许多大臣写给君主的奏章和信件。原来乐羊在率兵出征期间,国内有许多仇家诬告他拥兵自重,企图造反。战争期间,乐羊与敌军相持不下,国君曾下令退军,可是乐羊并未从命,而是坚持战斗,终于大获全胜。在这期间,各种攻击乐羊的奏章更如雪片般飞来。但君主不为所动,将这些奏章束之高阁,等乐羊回师,一齐交给了他。乐羊感动地说:"君主的信任比珠宝更贵重。"

信任下属,首先要相信下属的能力。生意的成功与否,在很大程度上,取决于管理者用人的态度。试想一下,使用一个人,又怀疑他,对其不放心,是一种什么局面?在你的公司里,如果下属得不到你起码的信任，其工作状态会怎样？从事管理、销售、科研角色的下属，容易遭人非议，管理者要谨慎对待各方面的反映，不因少数人的流言蜚语而左右摇摆，不因下属的小节而止信生疑，更不宜捕风捉影、无端地怀疑，要相信他们能够完成任务。

在新的市场环境中，信任是必需的，没有它，在竞争中就无法获胜。但是，在信任变得日益重要的竞争环境中，维持信任却越来越困难。我们又如何在竞争中摆脱传统管理文化的束缚，从而达到信任呢？

信任对我们的成效的影响有以下四个不同的方面：

组织成功：信任对公司成效的影响是，信任使个人、团队和群体能够为实现更广阔范围内的战略目标而共同行动。

团队效率：为了实现共同的目标，团队需要团队成员有相互协调的能力。在成效显著的团队中信任不可或缺。

人与人之间的合作：与他人直接合作，需要我们能够相互充分信任，实现信息共享，团结在共同的目标下，承担必要的风险，有效地摆脱困境。

个人信用：人们要想获得完成他们的工作所需的自主权、资源和他人的支持，就需要获得他人的信任。对组织的成员来说是这样，而对领导者来说，这一点就显得更加重要了。人们更愿意支持他们认为值得信任的人。

我们必须明白，信任对获得公司内部信息沟通至关重要。当然，没有信任，根本就无法建立有效沟通，信任是有效沟通的前提。

如果企业上下级之间、员工与员工之间能做到亲密、信任、互相协作，不互相倾轧、拆台，那么，其能动性、创造性很好地发挥出来以后，做事的效率就会大大提高。

当我们试图想象出一个没有信任的世界时，信任的重要性就会突显。在这样的世界里，我们中的每一个人都会逐渐变得喜欢怀疑一切事物。轻则人们之间会变得冷漠，重则人们会充满恐惧。在没有信任的世界里，领导者会被认为是自谋私利和独断专行之人。几乎没有人愿意听从他人的领导，没有人会相信其他人的能力——只有愚蠢的人和急功近利者才会去寻求建议或帮助。在这样的世界里，人们更愿意单独工作或以家庭式的团队工作方式工作，他们担心自己会依赖他们不了解的人。

一个人只有在得到一定程度信任的情况下，才能愉快地投入工作，干出成果。因此，对于管理者来说，在必须注意的诸多事项中，最重要的一点就是要充分信任自己的下属，用信任换取下属的责任感，使之发挥最大潜能。一个上下相互信任的企业，会产生强大的聚合力，从而在激烈的市场竞争中立于不败之地。

做一名大度的管理者

如果管理者只是能力比别人强，即使他是团队里面最优秀的，也并不足以成为称职的管理者。做一名管理者要能够容纳别人，要有一颗宽广的心。

中国古谚有云："海纳百川，有容乃大。"历史上最伟大的君王不是最能干的君王，而都是心胸宽广的君王，能够延揽各式各样的能人谋士，并且能够加以整合，这样才能成为好的领袖。

现代社会中，一些管理者观念陈旧，宁用顺从听话的平庸之辈，也不用稍带棱角而比自己能力强的人，使得一些人才因无用武之地而"远走高飞"。

不能选用比自己强的人很大程度上是因为嫉妒。

春秋战国时，有位著名的军事大师名叫鬼谷子。此人排兵布阵，调兵遣将，如有神助。他有两个得意的学生庞涓和孙膑。庞涓出师后在魏国当了大将军。后来师弟孙膑投奔庞涓，庞涓发现师弟的能耐比自己还大，于是产生了妒忌心，怕师弟抢走自己的饭碗，不但不重用，反而设计害他，并暗示部下剔去其膝盖骨。后来孙膑设计逃到齐国，协助齐国大将军田忌打败魏兵杀了庞涓。庞涓因气量狭隘，没保住官还丢了小命，且落下个千古笑柄。

"敢不敢用比自己强的人？"这恐怕是管理者在用人中对自己最大的考验，同样也是管理者最容易犯错的地方。

"他都比我强了，那在其他员工眼里，是他管理我，还是我管理他？"某企业管理者直言不讳，这种"武大郎开店——不允许伙计胜过老板"的心态一目了然。这种心态可分为以下几个方面：

（1）别人强就意味着自己不称职，不称职的管理者会在员工心中丧失威信，丧失了威信当然做不了管理者。

（2）员工中有人比自己强，那么肯定会对管理者的位置虎视眈眈，早晚想取而代之，又何苦养虎为患呢？

（3）有本事的人都多少有点野心，迟早要另立门户，我为什么给他营造发展的机会，到时给自己树强敌呢？

（4）公司里，天老大，我就老二……

在这种心态支配下，管理者往往是希望别人拿放大镜来看他，而他自己却用显微镜来看别人。当比管理者强的员工在工作中取得各部门的赞许和支持时，管理者会觉得他们是在树立自己的威信而且是在动摇管理者的最高权力。于是乎，管理者会有意无意地疏远他们、压制他们，从而严重地挫伤这些员工的积极性。

这种"武大郎型"的心态说到底是一种弱者的心态，外表的强硬正透露出内心的虚弱，反映出自信心的极大缺乏。真正的强者，愿意接纳比自己有能力的部下，因为他有信心能控制局面，因为这样的管理者关心的并不是别人对自己是否顺从，他有能力赢得别人真正的尊敬，更因为他看重的是才能，也更关注企业发展的大计。

作为一名管理者,在他管理的群体中,有与自己意见不一致的反对者,这不一定是件坏事。相反,从某种意义上讲却是件好事。其一,它可以经常使自己警醒,使自己的言行时刻处在大家的监督之下,从而使自己不犯错误或者少犯错误。其二,如果总是只能听到一种声音、一个调子,就很容易使自己陶醉,滋长骄傲自满、停滞不前的情绪,从而犯经验主义和教条主义、主观主义错误,这样自己所管理的单位也必然是个缺乏生机和活力的群体。因而从这种意义上讲,要正视反对者,还应保护反对者。

古语说:"宰相肚里能撑船。"对于现代人来说,管理者的肚子里要能"跑火车"才行。对于具有不同脾气、不同嗜好、不同优缺点的人,管理者要学会去接纳他们,管理者必须具备一颗平常之心。

豁达大度,不小肚鸡肠,"泰山崩于前而不惊,无故加之而不怒"是古人称道的所谓大智大勇。企业的管理者要培养自己具备一种处变不惊的素质,以应付复杂多变的商业环境。对下属既要严格要求,又要适当容忍。必要的时候,要睁只眼、闭只眼。只要不影响企业的重大利益,对一些事情不必去兴师动众地深查深究。"水至清则无鱼,人至察则无徒"。尤其是对下级管理人员,还要适当照顾他们的面子和威信,以便今后更好地办事。

在用人的问题上,人尽其才是一种理想境界。它虽不是一蹴而就的事情,却是我们致力追求的目标。这就要求企业管理者在人才使用过程中摒弃杂念,真正做到靠素质和能力用人。广告大师奥格威说过一句著名的话:"用人的最大失误就是没有任用比自己高明的人。"为了诠释这一观点,奥格威在每个董事的椅子上放了一个洋娃娃,并请诸位董事打开看。大家依次打开洋娃娃后,发现里边还有一个洋娃娃,再打开,里面又有一个更小的洋娃娃,当打开到最小的洋娃娃时,上面有一张奥格威写的字条:"如果你永远聘用不如你的人,我们就会成为侏儒公司。反之,如果你永远聘用比你高明的人,我们就会成为顶天立地的巨人公司。"奥格威的这一用人理念可资借鉴。

宽容大度是现代管理者健康心理的重要表现，同时也是管理者修养的体现。这种品质反映在管理者身上，就可以像润滑剂一样，使人与人之间的摩擦减少，增强领导者与被领导者之间的团结，提高群体相容水平。宽容是一种心理需要。

一个人不管多么高明，有缺点总是在所难免的。因而需要得到领导者的谅解，从而获得一个宽松安定的心理环境。豁达而且大度，需要管理者以爱才、惜才、用才来表现。既要学习别人的长处，补己之短；又要能够宽容别人的短处，扬长避短。当然，宽容大度并不是无原则地迁就与放纵，它是建立在坚持原则的基础之上的。

尊重每一位员工

许多人小时候都喜欢捕捉麻雀。在捕捉麻雀时，用什么作诱饵呢？当然不是人们自己的食物，而是用谷子或者麻雀喜欢的昆虫。这其中蕴含的道理非常简单。然而有的管理者在激励员工时所犯的一些错误，就像用水果去引诱麻雀一样可笑，而管理者自己却浑然不知。激励员工就要给员工最感兴趣的东西，这个要求看似简单实则非常复杂。所以，管理者要尝试多种激励方式。

长期管理实践证明：尊重是员工最根本的需要。美国加利福尼亚州一家钢铁公司，出现了令人头痛的员工蓄意怠工的问题。老板心急如焚，他又给员工加薪，又给员工授权，可没有产生丝毫激励效果。情急之下，公司老板请来一位专家，让他帮忙解决这个棘手的问题。这位专家来到公司后，不到一个小时就找到了问题的根源。

当时，公司的老板对那位专家说："好吧！让我们在厂里转一圈，你就会知道这些肮脏的懒虫们出了什么毛病！"听了这话，专家立刻就知道毛病出在哪儿了。

他开出的"药方"很简单："你们所需要的，就是把每个男员工当作绅士一样对待，把每个女员工当作女士一样对待。这样做了，你的问题不消一夜就会解决。"

公司老板对专家的建议半信半疑，甚至不以为然。专家说："请诚恳地试上一个星期吧。如果不见效或不能使情况好转，你可以不付给我报酬。"公司老板点头同意了。

10天以后，该专家收到一张便条，上面写着："万分感谢！你会认不出这个地方了，这儿有了奋发向上的激情，有了和睦共处的新鲜空气。"当然，同时还附上了一张支票。

每一个人都渴望得到他人的尊重。心理专家说：希望得到别人的尊重是我们人类的基本需求之一。员工也希望在工作场所里能获得别人的尊重，他们希望能有人欣赏他们，对他们微笑。一个人不论具有多大的才能，若无法满足其被尊重的欲望，他的工作积极性和创造激情便会被削弱。因此，管理者一定要像尊重专家那样尊重每一个员工，用尊重感染员工、激励员工。

尊重员工，管理者可以解除与员工之间的感情障碍，得到员工的拥戴；员工的被尊重的需求一旦得到满足，精神就受到激励，从内心产生优越感和强大的自驱力，从而高效率地完成任务。如果你自以为是，任意行事，他们则变得唯唯诺诺。这样一来，他们的创造力无从谈起，结果也就可想而知。

满足被尊重的欲望，人的积极性便会被调动起来。因此对管理者而言，要想成功地激励员工，一定要像尊重专家那样尊重每一个员工。令人惋惜的是，许多管理者不是不明白这个道理，就是不愿去正视。在他们的观念中：只有我才是企业的主人，我给你一份工作，你就要好好给我干活。要他们"放下身价"去"取悦"员工，是一件非常困难的事。无论何

第 01 章
狮子率领的羊群能打败绵羊率领的群狮

时何地，他们总是以高姿态来面对自己的员工。为了提高工作效率，对员工呼来喝去，效率若提不上去便极尽挖苦嘲笑之能。这些过激的举止严重伤害了员工的自尊心，进而产生许多不良影响，比如打击了员工的工作士气和创造力，降低了员工的凝聚力和向心力，产生沟通障碍等等，影响公司业务的进展。

要想充分发挥尊重的激励作用，管理者不能只做表面文章，或仅凭一时所需而为。如在企业遭遇危机时，便摆出一副尊重员工的样子，激励员工更好地工作；一旦雨过天晴，则故态复萌，仍旧一副高高在上的样子。被列为美国企业界十大名人之一的 IBM 创始人沃森常说："作为一个企业家，毫无疑问要考虑利润，但不能将利润看得太重。企业必须自始至终把人放在第一位，尊重公司雇员并帮助他们树立自尊的信念和勇气，这便是成功的一半。"

美国惠普公司创建于 1939 年，在全球 500 家最大工业公司中曾排名第 81 位。1983 年英国女王访美时，曾提出只参观一家公司，那就是惠普公司。惠普的创始人比尔·休利特说："惠普的成功，靠的是'重视人'的宗旨。"这一宗旨的核心就是关怀尊重每一个人，并承认每个人的成就，使每个人的尊严和价值得到认可。许多年前，惠普的最高层领导者戴维·帕卡德在一位工厂经理的陪同下巡视车间，巡视中他们看到一位机械技工正在磨光一个塑胶模具，于是停下脚步。他用了很长时间才磨光它，正准备做最后的修整。戴维·帕卡德不假思索地伸出手，用手指搓了搓那个模具。机械技工见状立刻说道："把你的手指头拿开，别碰我的模子！"那位经理马上提醒他："你知道这个人是谁吗？"机械技工当即反驳道："我管他是谁？"

听了这句话，戴维·帕卡德并没有生气，而是诚恳地告诉他，他这样做是对的，他有一份重要的工作，因此尽心尽力，并以他的工作为荣。

管理者应该清醒地认识到：管理者和员工之间没有贵贱之分，有的只是级别之分。在这层认识的基础上,管理者应力争做到不摆架子,这是尊重员工的根本。

比如员工在处理业务时出了问题,不知如何解决,这时管理者所要做的不是嘲笑或轻视他们的能力,而是把他们召集起来,对他们说:"来,让我们一起研究一下这个问题。""我们""一起研究"这些词语常会极大地激励员工——他们会感觉无比兴奋,浑身有用不完的力气,满脑子有用不完的智慧。

总之,所谓好的管理者乃是尊重人的管理者,他并非以工作为重心加以监督,而是以人为重心加以信赖。员工得到上司的尊重,心中就会有满足感,他们更会竭尽全力做事。

作为管理者,有必要对员工的隐私给予基本的尊重,而不是成天寻思如何破译员工的邮箱、查看其上网记录,甚至对员工的任何事情都要刨根问底。没有树立自觉工作的企业文化,就不能激励员工努力工作的热情,手段再先进也无法让员工人尽其才,相反只会引起员工的反感和误会,使事情越做越糟。

一个聪明的企业管理者应在"尊重"和"激励"上多下功夫,先了解员工的需要,然后去"满足"他,万万不可先聘用他,然后再"榨干"他。

善于激发每个人的潜能

组织起一个优秀的团队,是一件非常艰难而重要的事情。激发起他们的热情,挖掘出每一位团队成员的聪明与潜力,并将他们协调起来,是成功的领导者必须具备的一种能力。企业的领导者必须是一个能激发起员工动力的人。

实际上,一个部门内部应该建立一种和谐的伙伴关系,惟有建立起真诚的伙伴关系，才能将上下级的距离拉近，从而避免形成对立的局面。当然，有些领导者如果仍然坚持过去那种"阶层""权威"的态度，自然是无法与下属融为一体的。那样，想要借下属的力量去推动工作，恐怕是难上加难了。

何况充分地授权给员工，也是身为领导者的分内工作。我们发现有些领导者，表面上将工作交由下属全权处理，可是心里却很不放心。因此，他们在之后的工作中便横加干涉，有的甚至干脆给予下属过多的建议或想法。如此一来，下属仅获得了形式上的授权，而事实上则是创意处处受限，无法发挥主观能动性，心里头的滋味肯定会很不好受。那样，仍然达不到授权的目的。

因此，管理专家们认为通过完全授权的方式，不仅可以提高员工处理问题的应变能力，同时，在处理过程中也能将员工的创意、潜能激发出来。除此之外，授权也是一种基于对员工信赖的表现，这种做法会使员工感受到领导的尊重及重视，并有助于建立起系统内上上下下的信赖关系。

赛艇之于英国有如武术之于中国，柔道之于日本。在英国的赛艇史上，从来不缺少传奇式的人物。有着"史上最伟大赛艇选手"美誉的斯蒂芬·雷德格雷夫便是其中的一位。从1984年到2000年，雷德格雷夫连续参加了五届奥运会，共夺得了五枚金牌、一枚铜牌，成为了奥运史上惟一一位连续五届参加奥运会并夺得五金的赛艇运动员。从1986年到1999年，雷德格雷夫蝉联了九届世界锦标赛的冠军。2000年12月30日，雷德格雷夫被英国女王授予爵士爵位。

"如果有谁看见我再靠近赛艇，我允许他们开枪打我。"在1996年亚特兰大奥运会上获得了第四枚奥运会赛艇金牌后，雷德格雷夫说出了这句奥运史上最为著名的话。"在我还没有被奥运会的巨大魅力所诱惑而改变主意前，我想赶快退役。"当时的他曾经作出这样的决定。但在2000年的悉尼奥运会上，经过四年严格、系统训练的雷德格雷夫，再次回到了奥运会的赛场上。与以往不同的是，四年后的他已经是一名为疾病所困扰的糖尿病患者。

悉尼奥运会上，雷德格雷夫在四人艇项目上获得了他个人生涯的第五块奥运金牌。同时，他也因此成为了继布里吉特·菲斯切（皮划艇）、阿拉达尔·格雷维奇（击剑）、赖纳·克利姆克（马术）、科瓦奇（击剑）等著名运动员之后，第一位蝉联多届奥运会金牌的英国人。

雷德格雷夫的第5个冠军又一次证明了他的伟大。1997年，他被确诊患有糖尿病，高强度的训练让他的身体难以负荷。4年来，每一次的训练，雷德格雷夫都是强忍着疼痛咬着牙坚持过来的。在悉尼奥运会上获得四人艇项目的冠军后，他的搭档——三届奥运会冠军平森特，激动得从赛艇的另一端爬过来，和他紧紧地拥抱在一起。"我并非要向别人证明什么，我只是想向我自己证明我依然和以前一样棒！"赛后，雷德格雷夫平静地说道。

对于这样一个划了25年赛艇的传奇人物而言，究竟是一种什么样的动力在支撑着他呢？雷德格雷夫坦言："人们总是喜欢做他所擅长的事情。我喜欢赛艇，而且我划得不错，在世界大赛上获得了优秀的成绩，包括连续在五届奥运会上夺得金牌。实际上雅典奥运会上我原本也可以以运动员的身份参加，但是我拒绝了，因为毕竟我已经42岁了。如果前去参赛，我必须经历四年的磨炼，这种过程是非常痛苦的，爵士也有辛酸之处啊！"雷德格雷夫不失幽默地说道。

"每一天都是历史的一部分。"当前任国际奥委会主席萨马兰奇为他授予奥林匹克金质勋章时，雷德格雷夫这样说道。

雷德格雷夫的成功告诉人们，一定要充分发挥人的潜能。对于下属，尽量要少"管"多"理"。因为，领导者管得越多，下属就会丧失越多发挥创意的机会。同时，领导者专制、强势的作风，势必会导致员工心里产生负面情绪，进而影响工作的质量，领导者也会被终日的琐事所困，反而决定不了大事。反之，领导者多对下属员工进行疏导性工作，下属的积极性就能够更充分地发挥出来。

既然如此，那就应该多给下属一点权力和空间。当然，领导者必须时时保持关心的态度，了解下属在处理事情上是否遇到了什么困难？需不需要协助排解？对于表现好的下属，也要给予适当的支持和奖励。这样一来，必定能培育出一批有责任、肯担当重任的创意人才及和谐的企业文化。

授权，毕竟是借力的先决条件，领导者根据工作的需要，将自己所拥有的部分权力和责任授予下属去行使，使下属在一定制约机制下放手工作，领导者也就由此实现借助他们的"力"。授权是提高工作效率和效能的重要途径，它不仅体现了对下属的信任与支持，更是向下属借"力"的一个最好的途径。同时，授权又是使个人和团队快乐成长的秘诀。

作为领导者，你应尽可能地授权，把别人能比你做得更好的事情，把你没有时间去做的事，把不能充分发挥你能力的事，果敢地托付给下属去做。只有这样，你才能不被"琐碎的事务"所纠缠，而有充足的时间去思考和处理"重要的事情"。成功的领导者不是整天忙得团团转的人，而是一切尽在掌控之中、悠然自得的人。

第 02 章

搭班子：构建一个高效而卓越的团队

寻找志同道合的卓越伙伴搭建企业班子

　　企业要想成功，光靠个人的力量是不够的，必须发挥群体的优势。在依靠个人的力量无法完成的情况下，寻找志同道合的伙伴进行合伙就成了最佳选择。选择志同道合的合作伙伴可通过个人或朋友的人际关系圈中获得，如原来的同事、战友等；也可通过招聘方式获得，招聘时，关键要看员工的个人理想是否与公司的愿景相符。

　　寻找志同道合的卓越合作伙伴的重要性，在《三国演义》里就得到很好的体现。

　　《三国演义》的第一回里讲的就是刘、关、张这三个素不相识的人——宴桃园豪杰三结义，斩黄巾英雄首立功。

　　刘备是汉室宗亲，有名有分，但穷困潦倒，惟有一个远大的抱负；关羽有才有能，无奈是杀人在逃；张飞有些资产，但无谋略不懂经营，惟有一身好胆识和超群的武艺，他们三个人可以说是各有优缺点。三人在黄巾军四起之时，首先都想成就一番事业，在共同理想上算得上志同道合了，桃园三结义无疑使他们都找到了志同道合的卓越伙伴，在此之上就搭建了一个初步的领导班子。自从这个志同道合的领导班子形成以后，得到了更多志同道合者的积极响应，不但请到了传说中的卧龙先生，还来了赵云等一批卓越的班子成员，事业是蒸蒸日上。最终这么一个名不见经传的小团队却造就了与曹操、孙权呈三国鼎立之势的局面，这正是志同道合的卓越伙伴组成的领导班子的强大所在。

　　经济发展的浪潮越来越汹涌，对于想要创业或再造企业的人来说，若想在其中有所建树，靠一个人的力量难免会势单力孤。何不找一些有能力又志同道合的卓越伙伴来共同完成一个人所无法完成的事业呢？那样便能组成一个没有猜忌、能充分发挥战斗力的领导班子，然后再建成相应的企业，便可以最大限度地发挥成员各自的特长，提高工作效率，从而减少创业过程中的风险，也能给重组的企业带来强大的生命力。

"永业企业公司"是新鸿基地产发展有限公司的前身，它是由香港商界的"三剑侠"于1963年搭建起来的，这家企业的综合实力在香港仅次于由李嘉诚建立的长江实业集团，可以说也是响当当的知名企业。当然这个"三剑侠"的称号是后来商业人士追加的，说的就是三位经营上都取得重大成就的企业家，即地产巨子郭德胜、证券大王冯景禧、华资探花李兆基。

20世纪50年代，这三个人都看好香港的房地产业，认为会有很大的发展前景。但他们各自的资金实力，若要投资于房地产业有所作为显然很单薄。于是三个人经过协商为了一个共同的目标走到了一起，这就是他们所说的"同心协力，进军地产，你发我发，大家都发。"

在以"三剑侠"为核心，另外五位志同道合的卓越伙伴组成的领导班子搭建完成后，"永业企业公司"正式成立了。他们三个人如同刘、关、张一样，各有各的特点：郭德胜老谋深算，冯景禧精通财务，李兆基胆大心细。三人联手可谓珠联璧合。

由于资金方面的不足决定了"永业企业公司"最初的经营方式。他们对市场作出了分析，决定以低价买进旧楼，拆掉重建，再伺机收购一些无人问津又有发展潜力的土地，进行转手买卖，并且制定了"分层出售，十年分期付款"的营销政策，赢得了用户的信任。

几年的合作奋斗已经使他们看到了美好的前景，在具备了一定的资金和声誉的时候，他们果断地亮出了自己的旗号，"甩掉"其他股东，重新组合成"新鸿基企业有限公司"。

"永业企业公司"之所以在发展的过程中能够克服种种困难，由无到有，再由有到壮大与其说他们干得顺，还不如说是这样志同道合的卓越伙伴组成的领导班子，具有强大的战斗力和发展前景更为确切。

无论是大企业还是小企业，在发展过程中难免出现合作或并购重组。

四川嘉里集团生产的"金龙鱼"可能大家曾听说过，但又有谁知道在中国，每卖出一瓶可口可乐，嘉里的口袋里也会装入相应的钱呢！四川嘉里集团找到了一个很好的合作伙伴，那就是可口可乐。它便可以借助可口可乐这个合作伙伴使企业发展壮大了。这个并不为内地人所熟知的企业一步步地发展壮大，逐渐影响着我们的生活。

三国中也提到了这么一个问题，当初刘备的军队好容易找到了新野这么个弹丸之地立足准备发展的时候，曹操有先见之明就派兵想灭了刘备，诸葛亮便向刘备献上了"联吴抗曹"的战略方针。孙刘两家的联合，制造出了火烧赤壁这样的伟大战役，不但保留了自己的实力，还削弱了曹操的实力，对于蜀国的发展来说，这次合作是十分有必要的。

企业迈向成功的道路不应该是独自存在的。在力单势孤的情况下，如果依然不寻求正确的发展之路，被其他实力雄厚的企业吞并掉是完全有可能的。况且这种大鱼吃小鱼的事情在商海中屡见不鲜。

在这种情况下，选择与其他企业联合，不失为最好的战略。如刘备起初发展是一样，在自己实力不强的时候可以通过结盟的方式，找到志同道合的企业齐头并进共同发展。这样的话，无论是在资源方面还是在市场的竞争力方面都可以得到相应的壮大。一旦自己有充足的实力之后再摆脱合作独立发展，这样才是聪明的领导班子该作的战略。

还有一种情况，那就是有一定实力的企业在发展壮大过程中为了弥补自身一定的缺陷，也会找一些资金实力不算太雄厚的小企业进行合作，这样做一方面解决了大企业的缺陷，另一方面也给那些缺少资金的小企业提供了大量的资金，带动了它们的发展。

北京联想计算机集团公司在发展的时候，就采取了"避强就弱，优势互补"的方针。北京联想计算机集团公司在合作上选择了由几名毕业于伦敦大学计算机专业的年轻人创办的导远公司。导远公司虽然资力不十分雄厚，却熟悉国际市场。而联想集团虽不熟悉国际市场，却有技术实力，有维护服务网络的长处，再加上依托中国技术转让公司的经济实力和信誉，得到一定数额的贷款，就形成一种优势。

在它们互惠互利的前提下，两家公司在较短的时间内都得到了长足的发展。北京联想计算机集团公司当年就收回投资，凭借自己的技术实力和合作的效应，在国际市场也有了一定的影响力。两家公司正可谓是"瞎子背瘸子"的完美合作。

志同道合的卓越伙伴共同组建起来的领导班子，能够令大家劲往一处使，让企业从内部形成一种凝聚力，使企业具有生机勃勃的发展前景。

有战斗力的班子才是好班子

我们一直关注的就是，什么样的班子才能称得上好班子？答案很简单——只要有战斗力的班子就是好班子。

世界首富比尔·盖茨的大名在世界的每个角落都是响当当的！至于他所创立的微软公司为何能够如此强大，他曾经这样评价："如果把我们顶尖的20位微软成员挖走，那么我可以告诉你，微软会变成一家无足轻重的公司。"

可以这样说，微软之所以如此成功，源于它有一个非常有战斗力的领导班子。微软领导班子的核心成员只有两个：一个是负责产品方面的盖茨本人，另外一个就是负责开拓市场的盖茨多年的同学斯蒂夫·鲍尔默，其余的班子成员大都是所分管各个领域的精英。这样一个拥有强大战斗力班子的企业，能创造出一个世界首富根本不稀奇。

企业要想建造一个领导班子，首先要确立两个位置最重要的人选："一把手"是班子的责任者，必须首先确定；二是班子的核心成员，这些人是部门全局问题的策划和支持者，在选择方面一定要慎重。《水浒传》

里的梁山好汉们也组成过一个领导班子,在一百单八将组成的班子中,各种各样的人才并不缺乏,为什么最后还是被剿灭了呢?只要稍加分析便不难发现这个领导班子中的弊病。表面上看,这个班子并不缺乏人才,而且如果真刀真枪的战斗,他们的战斗力也十分强大,但是在搭建中最关键的一点他们没有把握住:那就是他们在选择"一把手"的问题上不够冷静,把一个一心想归顺朝廷的宋江推上了最高的决策位置,而且在一些很重要的问题上宋江太"独",从不和人商量,导致梁山这个集团的土崩瓦解也就成了情理之中的事情。

"一把手"在班子中处于关键地位,负有特殊的责任。有战斗力的班子在组建时,就会把有较强驾驭能力的人选配到"一把手"的位置上。"一把手"主要是带好班子,如果带不好"一班人",那就不称职。班子状况如何,同"一把手"关系很大,因此对他必须提出更高的要求。一要坚持原则,二要把握全局,三要团结同志,四要加强修养。领导工作要有原则性、系统性、预见性、创造性。对于企业里的"一把手"来说,原则性是第一位的。把握全局,就要求在工作中既善于照顾全盘,又善于抓住主要矛盾,能够协调各方面的力量,调动各方面的积极性。在领导班子内部,要用大局来统一思想,协调行动,处理矛盾。团结同志,就要求胸襟开阔,光明磊落,互相学习,互相尊重,以理服人,以德服人,要以人格的力量团结同志。绝不允许当面一套背后一套,表里不一。加强修养,就是通过学习和实践,培养和保持高尚的道德情操。

领导班子在选好、配好"一把手"的同时,要重视搞好班子成员的配备,实现领导班子的优化组合也是关键。班子成员中,除了个人素质外,还有的就是班子结构问题。在坚持德才兼备原则的前提下,根据各类班子的不同情况,合理调整和改善结构。在注重处事能力的基础上,还要注意年龄结构、专业知识结构,更要注意班子各个成员的特长,使领导班子成为整体素质良好、成员优势互补的坚强集体。在班子成员的选择上一定要遵循这样的原则：一要坚持任人唯贤，反对任人唯亲；二要注重德才兼备，不求全贪多；三要坚持选任标准，还要不拘一格；四要唯才是举，用人所长，防止用其所短。

有了合理的班子仅是搭建有战斗力的班子迈出的第一步。那么怎样才能发挥一个拥有合理配置班子的强大战斗力呢？

首先，企业的领导班子要有导向明确、科学合理的奋斗目标。而且还要把经营目标、战略、经营观念，融入每个成员的头脑之中，成为共识。从"一把手"到普通的班子成员都要对目标进行分解，使每一部门、每一个人都知道自己所应承担的责任和应作出的贡献，把每一部门、每一个人的工作与企业总目标紧密结合为一体。

其次，要增强班子成员自身的影响力。企业的领导班子就是企业的核心，一个富有魅力和威望的领导班子，自然会把全体员工紧紧团结在自己的周围。班子成员由于其地位和责任而被赋予一定权力，但仅凭权力发号施令、以权压人是形不成凝聚力的，更重要的是靠其威望、影响力令人信服。这种影响力的产生完全取决于班子成员：一是取决于他们的知识、经验、胆略、才干和能力状况；二是取决于他们能否严于律己，率先垂范，以身作则，能否全身心地投入事业等。

第三，就是要在企业内建立一种系统的科学管理制度。没有有效的制度和规范，就会出现无序和混乱，就不会产生井然有序、纪律严明、凝聚力很强的班子。

第四，领导班子内部成员良好的沟通和协调，能够减少企业的内部阻力。沟通主要是通过信息和思想上的交流达到认识上的一致，协调是取得行动的一致，两者都是形成有战斗力班子的必要条件。

第五，领导班子要完善企业的激励制度，激发员工的工作热情。合理的激励制度，不仅在于物质方面的，还要加强精神方面的力度，否则任何激励都不会有明显的效果。

第六，班子成员要善于开发人的潜能，促进企业每一位员工的成长。只有充分发挥每位员工的潜能，企业才会蒸蒸日上，才能更说明这样的领导班子有战斗力。为此班子成员要认真研究每一个员工的才能、专长、潜力、志向，帮助他们规划设计人生之路，并用其所长、人尽其才，同时为不断提高员工的素质、开发他们的潜在能力作出积极努力。

最后，建立和谐的人际关系，搞好班子内部的团结，发挥班子强大的合力作用。领导班子的团结很重要，团结就是力量，团结才有凝聚力、战斗力。班子成员之间友好、融洽地相处，就能创造一种和谐的、良好的人际关系，会使人心情舒畅、精神焕发，工作更得心应手。

只有加强这些方面的建设，企业的领导班子才能成为一个真正有战斗力的班子，才能发挥企业最大的优势，获得最大限度上的经济利益。

过硬的一把手是有战斗力的班子的核心

秦始皇虽然制造了一系列影响时代前进的事件，但是他在历史上的地位还是不可磨灭的。他是历史上第一位真正统一中国的伟人，也是在他的号令下，世界最伟大的人工奇迹之一的万里长城巍然屹立在世界的东方。如果没有秦始皇，那时的中国还需要历经多少岁月才能得到统一就不可而知了！或许万里长城永远都不会出现也不无可能。

历史上的每个朝代都会出现一个或几个伟大的领袖，领袖们的作用在各个时期的不同方面都有所显露。综上所述，人类社会是个需要领袖的社会。当然这个领袖包括精神的领袖和组织的实际的领袖，一个没有领袖的社会是混乱的社会，一个没有领袖的组织，只能是"乌合之众"。

领袖对于一个国家的建成和发展是至关重要的，德国前总理科尔就是其中一位卓越的领袖。

1982年10月4日，以科尔为联邦总理的新政府组成。科尔成为联邦德国历届最年轻的总理，时年 52 岁。如果说 19 世纪末俾斯麦是"德国最重要的人物"，那么 20 世纪末，科尔在德国应当享有这一殊荣了。德国无论是在欧共体内，还是在欧洲事务中，都有着举足轻重的地位，德国的经济也备受世界各国关注。

德国的复兴和发展与战后几位领导人审时度势的决断力有密切关系，这里自然少不了科尔的功劳。科尔作决策十分果断，他的一句口头禅是："我们现在就干！"人们对他的评论是："一个敢于果断地作出决策的人，一位不达目的绝不罢休的人，一位不瞻前顾后的勇士，一位既信任别人，又令别人尊重的人。"

科尔在 1982 年接任联邦总理时，德国经济正遭受着经济危机的冲击而处于停滞状态。在科尔政府的治理下，联邦德国的经济很快就走出了低谷，经济形势趋向好转。1987 年，联邦德国的出口总额甚至超过美国，居世界之冠；黄金、外汇储备，在西欧主要工业国家中，联邦德国也荣登榜首。在西方世界中，联邦德国经济实力已与美国、日本三足鼎立。

1989 年，先是匈牙利政府宣布拆除与奥地利交界的国境线上的所有边界设施和铁丝网。民主德国一些公民利用去匈牙利旅游度假的机会，取道奥地利移居联邦德国。随后民主德国公民通过各种渠道大量出走到联邦德国。接着民主德国政府宣布开放边界，民主德国公民犹如洪水般涌向联邦德国。1989 年 12 月 22 日，民主德国开放柏林墙。1990 年 10 月 3 日，一个拥有近 8000 万人的德国，在中欧大地诞生了。

在科尔这位领袖的带领下德国不但实现了合并，而且综合实力也有了明显的提高，这正是一个领袖在国家的富强上巨大的带动和指挥作用。

企业就是一个小的国家。一个想要长久生存的企业，必定有个属于自己企业的领袖，也就是在现代企业中被人们称为"一把手"的人物。如同一百年来美国经济时代的福特、斯隆、小托马斯·沃森、比尔·盖茨和日本起飞时期的企业领袖松下幸之助、本田宗一郎等，而在中国的企业里也有着一批相当不错的"一把手",掌控着一些企业的发展方向。在联想是柳传志,在海尔是张瑞敏,在格兰仕是梁庆德,在万科是王石,在华为是任正非,在长虹是倪润峰,在力帆是尹明善,在万向是鲁冠球,等等。

这些"一把手"就像是乐队的指挥一样,当每一种乐器各自为政地演奏时,演奏出来的音乐没有人喜欢听。而通过指挥者的努力洞察及领导,就能将其中各个乐器很好地协调在一起,奏出美好的乐章。在企业中"一把手"与他领导的班子中成员的任务是不同的:"一把手"是去"做正确的事",而班子成员最大的任务就是去"正确地做事"。

不是所有的"一把手"都能使班子产生强大的战斗力,从而带动企业的发展壮大。

鲦鱼因个体弱小而常常群居,并以强健者为自然首领。有科学家做了一个实验,将一只领头的鲦鱼后脑控制行为的神经割除后,此鱼从此就失去了自制力,行动也变得紊乱了,但其他鲦鱼却仍像从前一样盲目追随它。

现代企业管理中经常会出现类似的"鲦鱼效应",对于"一把手"的决策过分信任,导致不假思索地盲从,使班子失去自主力,使企业在经营上举步维艰。可见,"一把手"在企业生存成长以及带动班子发展的过程中起了决定性的作用。

选班子成员要有科学性

许多企业都希望在领导班子中引进一些能干的人才,来为其他员工造成一种紧迫感和压力,借此来带动整个领导班子的战斗力,使班子内生机勃勃,充满活力。

(1)"鲇鱼效应",激活企业内核

从前,挪威人出海捕捞沙丁鱼,虽然每次都能捕到很多,可是每次整船的鱼运回港口的时候,沙丁鱼都挤在一起,大部分变成了死鱼,因为沙丁鱼是一种喜欢群居的生物。渔民们只好把这些死鱼低价卖给鱼贩子。

后来，渔民们发现只要在鱼槽里放一条鲇鱼，就可以保证沙丁鱼能够活蹦乱跳地回到渔港。原来鲇鱼放进鱼槽后，由于环境陌生，它就四处游动挑起摩擦。而大量的聚集在一起的沙丁鱼发现多了一个"异己分子"，自然会紧张起来，加速游动。这样一来，回到渔港的沙丁鱼自然鲜活乱蹦了。

很多企业的领导层在用人时都懂得利用"鲇鱼效应"，但它不是绝对真理，它的运用也有"度"的限制。其实，万事皆有度，问题是"度"在哪里。不少企业误认为只要引进人才，就能实现"引进一个，带动一帮"的人才效益。殊不知"鲇鱼效应"是有条件的，是要经过科学评估与运作的，如果不能将"鲇鱼效应"放在整个人力资源开发之中全盘考虑，就会适得其反，酿成"鲇鱼负效应"。发挥"鲇鱼效应"的关键是，能否准确地判断员工安分守己、不思进取，如果恰恰相反，你所在的部门内的员工中有一个或几个生龙活虎、锐意进取，本身就有一个良好的"鲇鱼效应"，这时你仍然我行我素地坚持引进"鲇鱼"，就可能发生"能人扎堆儿"，内部起哄，人力资源管理效率低下。

（2）强强联手，不"强"反"弱"

经营理念中有这样一个道理：智慧和能力相同或相近的人不能扎堆儿。能人扎堆儿对企业发展不利。请看这样一个例子：

三个能力很强的企业家合资创办了一家高新技术企业，并且分别担任董事长、总经理和常务副总经理的职位。一般人认为这家公司的业务一定会欣欣向荣，但结果却令人大失所望，这家企业非但没有赢利，反而是连年亏损。原因是不能协调，三个人都善决断，谁都想说了算，又都说了不算，最后啥事也没干成，管理层内耗导致企业严重亏损。这家公司隶属于某企业集团，总部发现这一情况后，马上召开紧急会议，研究对策，最后决定敦请这家公司的总经理退股，改到别家公司投资，同时也取消了他总经理的职位。有人猜测这家亏损的公司经过这一番撤资打击之后，一定会垮掉，没想到在留下的董事长和常务副总经理的齐心努力下，竟然发挥了公司最大的生产力，在短期内使生产和销售总额达到原来的两倍，不但把几年来的亏损弥补过来，并且连连创造出相当高的利润。而那位改投资别家企业的总经理，自担任董事长后，充分发挥自己的实力，表现出卓越的经营才能，也缔造了不俗的业绩。

这种领导班子的建立并没有成为人们想象中的强强组合，仔细分析下也不无道理：班子成员中的三个人都是一流的经营人才，最大的特点是在同一个领域内都有自己的主见，但也正是主见惹的祸，每个人的观点中的弱点恰最能吸引对方的眼球，而这恰又是对方攻击的火力点。所以这个领导班子过多地表现为对抗，发展的结果对企业有害而无利，就像病毒一样会导致整个企业工作的瘫痪，对领导工作和企业都是致命的。

这个例子的确值得每个企业深入地进行研究。习惯上，我们承认多数人的效应，因而有"集思广益"和"三个臭皮匠，胜过一个诸葛亮"的说法，认为采用一个人的智慧，不如综合多数人的意见。然而，每一个人都有他的智慧、思想和个性，如果意见不一或个性不投缘，往往容易产生对立和冲突，这样一来，力量就会被分散或抵消。一加一等于二，是尽人皆知的算术问题，可在用人上就不同了。配置得当，一加一可能等于三，等于四，甚至等于五；配置不当，人员失和，一加一可能等于零，也可能是个负数。

（3）西游之强弱搭配，骨干发威易逞强

怎样使人员配置更加合理呢？一般地说，高层领导班子以下的每个分部门，最好不要都配备精明强干的人。道理很简单，假如把十个自认一流的优秀人才集中在一起做事，每个人都有其坚定的主张，那么十个人就会有十种主张，根本无法决断，计划也无法落实。但如果十个人中只有一两个才智出众，其余的人较为平凡，这些人就会心悦诚服地服从那一两位有才智者的领导，工作反而可以顺利开展。

《西游记》中三位徒弟的搭配便是最好的搭配案例。如果西天取经保护唐僧的是三个孙悟空，那么遇到事情之后到底听哪个"猴哥"的？其余的"猴哥"甘于被支配吗？所以，还是孙悟空、猪八戒、沙和尚的强弱搭配比较合理，遇到事情孙悟空有绝对的"权威"，可以带领其他两位师弟。

因此，经营者用人，不光要考虑其才能，更要注意人员的编组和配合。

（4）人才引进需"降温"，搭配合理是关键

企业不能盲目引进"鲇鱼"，否则很容易造成"鲇鱼"未到，"沙丁鱼"开溜。企业在运用"鲇鱼效应"，决定是否引进"鲇鱼"时，一定要看有没有实际需要，是否可以将本企业内的一些有作为的"沙丁鱼"提升为"鲇鱼"。如果盲目引进，就可能使一些有抱负的"沙丁鱼"由于看不到希望而另谋高就。

有些单位一方面大量引进人才，一方面却人才大量流失。一项统计数字表明，企事业单位中等以上人才流失率高于20%。某国有企业两年前招用的10名中级人才到目前已经走了5名，原因是他们认为企业没有给自己合适的岗位，而企业方面却坚持说走的人是不愿在企业工作。

问题出在哪里？有关人士指出，人才引进的盲目性是首要原因。有些地方政府把引进多少人才作为评价工作成绩的标准，迫使人才引进"升温"。有的单位拿引进的人才装饰门面，以此来提高自身的含金量或作为申请资金和项目的砝码。专家认为，人力资源的结构总是呈动态的金字塔状，但有些地方往往只感到缺少顶尖人才，出台引进院士、博士的优厚政策，结果却是院士、博士没引来，却走掉了处于金字塔上层的骨干人才和处于中下层很具发展潜力的优秀青年人才。

仅仅将人才引进还是不够的。用人单位需要确立正确的人才观念，不要一定要引进硕士、博士等高学历人才，那样会造成人才的浪费，而应该按需而取，寻找对自己最适用的人才。

人才引进之后又流失是市场不健全的表现之一。正常的人才流动是建立在合理的人才供求关系之上的，如果引进人才的水平高于所需或者是有需求而不引进人才，都会破坏人才的正常流动，造成无序的人才竞争和人才的供需不平稳，最终影响人才作用的发挥和整个社会人力资源的优化配置。单一化的人才战略问题重重，若是从多元化人才战略上发展就不同了：班子成员之间不会产生太多的阻力，从而形成一种内聚性；也会使他们对其他人的想法真正感兴趣，变得愿意接受其他具有专长、信息或经验和当前的任务或决策相关班子成员的领导和影响。

如果能够完成人员的合理配置，那么班子成员就能看到对方的优点，互相都为对方的成功鼓掌，这个企业就会前途光明；一旦配置不合理，成员们由于排斥而看到的都是对方的缺点，别人有点成就心里就不舒服，即使工资再高，生活在这样的团队也是痛苦的。那么企业也会因此产生更多的争端而不会得到发展，所作的一切努力就会得到适得其反的效果。

建"精品"班子，避免家族班子的产生

长期以来，国外有许多大企业建立的都是家族式领导班子，例如洛克菲勒公司与福特公司。但是稍微有远见的大企业已经逐步在改变这种状态，试图形成一种在专业管理制度下的领导班子模式。

为何这些家族式的领导班子要进行转变呢？显而易见，家族式的班子带来的弊大于利。家族式的班子总给人一种排挤外人的感觉，令少数一些非家族成员在班子中根本没有发挥的余地，合理化建议也得不到采纳。

纯家族式的领导班子在人才结构上，较之专业管理制度下的班子没有丝毫的优势。在很多时候这种家族式领导班子的组合根本就是不合理的，比如在作重大决策的时候很容易倾向于一些班子中有威望的家族长辈，不能在大家的群策群力下作出正确的判断，在某些经营管理方面出现问题也

就在所难免了。

当然也不是所有的企业班子中都不能出现家族成员，如果这些家族成员非常能干而且勤奋，进入领导班子也不会带来什么弊端。

现代管理学之父杜拉克认为，如果让平庸的，甚至更糟的家族成员进入企业的领导班子，会使那些非家族的班子成员以及员工感到不快，整个员工队伍也会对领导班子的信任度大打折扣，有时班子中的那些非家族成员会很快跳槽，使班子的战斗力锐减。

（1）杜邦家族成员入企考核严

杜邦公司作为一个以家族班子为主的企业之所以能够得到长期的发展，就是因为它勇于面对这样的问题并及时进行解决。杜邦给家族成员带来的惟一好处就是，所有杜邦家族的男性成员无一例外的可以在杜邦得到一个工作起步的机会。在杜邦工作5～6年后，4～5位家族长者会对他们在公司的表现作出一个仔细的评估，如果认为他们在10年之后没有进入领导班子的可能，就会被毫不客气地请出杜邦。

从古代的皇族式的垄断管理中也不难看出这种弊端，只要某个人争得了皇帝的位置，他的整个家族都会得到提升，无论是有能力的还是没能力的，一律都封官晋爵。这往往会造就一种皇帝撑腰、肆无忌惮的行为的发生，况且若不是凭才能得到的官职也会遭到众人的鄙视，这就给整个国家的繁荣发展埋下了隐患。

（2）孙中山举贤避亲

中国历史上也不乏在组建班子方面具有卓越的眼光的事例。孙中山先生是我国民主革命的先行者，他在选用领导班子成员时就很有眼光。1912年元旦，他出任中华民国临时大总统，可谓掌握了中国的大权。

他有一位哥哥叫孙眉，早年侨居美国，经营商业，并有大片牧场和农场。为支持孙中山的革命活动，他拿出了全部家产，并加入了兴中会，直接参加了组织武装起义等革命活动，也是个有学问、而且有点名气的人。

恰巧这时广东都督一职空缺，于是孙眉便直接向孙中山提出要做广东都督。与此同时，孙中山还收到了许多的电报，要求委任孙眉担任广东都督。而且当时的教育总长、孙中山先生所尊敬的蔡元培先生也是举荐者之一。

孙中山想：论才能和民望，孙眉确实是广东都督的合适人选。但孙眉一旦担任了广东都督，那不是"弟荫兄"吗？孙中山从革命的大局来考虑，认为孙眉还是不当广东都督为好。于是他毫不含糊逐一复函给各位，陈述国民政府的用人原则是"唯才能是举，不问其党与省"，同时声明自己反对用人唯亲的传统陋习。他解释不能委任大哥的理由，说"受之适足以害之"，所以不能任命孙眉为广东都督，后来他推举了更懂得管理的蔡锷为广东都督。

孙中山坚持认为考试是最好的选拔官员的办法。他认为，考试是为了避免封建恩赐官职、只凭君主一人喜怒的腐败；是为了避免资本主义国家选举制，"对于被选的人民就没有办法可以知道谁是适当"的盲目滥选；是为了避免资产阶级政党分肥制，"凡是委任官都是跟着大统领进退"的弊病；是为了克服资产阶级常任文官制度"只考试普通文官""只能用于下级官吏"的局限，从而保证"把国家的大事托付给有本领的人"。

孙中山领导的资产阶级民主革命虽然最后失败了，他所倡导的考试制度也未能实现，但他的反封建思想和对未来社会选用人才的思想是值得称道的。孙中山主张用考试权保证人民选用德才兼备的"专门家"组成国家官吏队伍。

（3）联想家族子女入企闯三关

联想集团的"一把手"柳传志在这个方面也有着很坚定的态度，他说："我们不允许自己的子女进公司，以免形成一种管不了的力量。我儿子是'北邮'学计算机专业的，后来在哥伦比亚大学读了硕士，如果他到联想来工作，就会大大影响别的年轻人积极性的发挥。如果有些领导部门和关系户推荐一些人到公司来，必须进行笔试，合格后要3个副总裁签字才允许这个人进来，绝不能形成哪个家族成员被私自引进企业当中。"

若想组建一个合格的、有战斗力且服众的"精品"班子，一定要把家族内的人约束好，对于班子成员的选拔，一定要通过真才实学的考证才行，一定不能随便地让家族成员进入班子。如果那样不但会不服众，也会在某些方面拖整个班子的后腿，使整个班子失去应有的管理绩效，使企业为此遭受损失。

古往今来的历史上一直都存在着"班子"这一说法。惟一不同的是，古代的班子都是围绕着政治、权力组建起来的，而现今的班子不仅和政治挂钩，还和经济建设密不可分。无论是争权夺利还是巩固政权，都需要搭建一个好的班子来实现奋斗目标，这是历史发展的必然。

班子成员要发挥承上启下的桥梁作用

班子成员不但要成为一个很好的决策者，还要在决策推出之后成为一个很好的执行者，并且这种执行一定要建立在带动整个部门或企业员工共同执行的基础上，才能称之为一个好的班子成员。

一个企业的领导班子中必定要有一位"一把手"，来把握整个企业的发展方向和全局。其余的班子成员则是这个企业"一把手"的左膀右臂、助手。班子成员能不能发挥好自身的作用、摆正自己的位置，直接影响到班子的凝聚力和战斗力，对工作的顺利开展、各项工作目标的圆满完成，更是有举足轻重的影响。因此，在企业具体工作实践中，班子成员要全力支持"一把手"的工作，正确处理好与班子其他成员之间的关系，做到优势互补、团结合作；与此同时还要把领导班子的决策和命令，毫不保留地传达到企业员工的工作当中，做好模范带头作用。这就要充分发挥班子成员承上启下的桥梁作用。

(1)找准位置、当好参谋,发挥"承上"作用

在《三国演义》中,刘禅继位不久,曹丕就分兵五路攻打蜀国,蜀国上下形成一片危急。而作为军事主帅的诸葛亮却托病不出,急得皇帝刘禅和众大臣团团转。最后还是刘禅坐不住了,亲自驾临诸葛亮府邸登门拜访,询问破敌之计。此时的诸葛亮正在自家院中钓鱼。刘禅责备他时,诸葛亮顷刻间便除去了刘禅心中的顾虑——原来诸葛亮已经暗中使计挡住了五路中的四路兵马,而对付最后那路兵马也仅在挥手间而已。这就是作为军事上的主帅诸葛亮,作出的最值得我们学习的"承上"案例。

那么,如何才能像诸葛亮一样做好这个参谋呢?

一要有甘当配角的正确认识。领导班子好比一个乐队,"一把手"是乐队的指挥,班子成员则是乐手。班子成员只有按照"总乐谱"的要求,把握好主旋律,弹好"协奏曲",绝不能串音、跑调。只有步调一致,齐心协力才能弹奏出优美、和谐、动听的乐章,才能开创工作新局面。

二要在工作中注重与"一把手"的密切配合,当好参谋。对工作要积极主动,敢于直言,善于提出自己的意见,对决策的正误一定要客观地进行判断。

三要善于领会"一把手"的意图。作为班子成员一定要有较强的悟性、灵性,在工作中要全面准确领会"一把手"的意图,使各项工作不偏离中心和方向,这样才能够与"一把手"在思想上、行动上保持一致,只有保持了一致,工作上才会出成绩。就像打仗一样,下级一定要按照上级的作战意图、方案,部署兵力、火力,明确作战的主攻方向、作战目标、协同作战等方案,这样才能取得战斗的胜利。否则,就有可能影响整个战争,所以领会上级的意图十分重要。

怎样才能更好地领会"一把手"的意图呢?

要了解"一把手"的常规工作思路和日常工作特点,可以从一般的会议讲话、平时的交谈、工作计划要点中加以分析研究,领会其意图。要多

请示、多汇报，在聆听"一把手"的意图和想法中体会其意图。要联系工作实际或阶段性工作情况去分析、理解"一把手"的意图。

俗话说"一个篱笆三个桩，一个好汉众人帮"，班子成员都要以诚相待，鼎力相助，搞好配合。"智者千虑，必有一失"，任何人的工作都难免出现疏漏，当"一把手"考虑问题不周或出现失误时，要及时补缺，不能袖手旁观；当"一把手"面临困境时，要挺身而出为其解难排忧。班子成员给"一把手"当好参谋是分内的事，也是必须具备的素质。

只有把"承上"工作充分地做好了，才能正确执行和实施整个领导班子所作出的决策，才能把对员工的"启下"工作做到位。

（2）抓落实、搞分管，承担"启下"重任

"启下"工作要想做得好，班子成员就要抓好在员工队伍中的落实工作。在正确的决策和充分领会"一把手"的工作布置以后，班子成员的主要职责就变成了"抓落实"，不允许出现合自己想法的决策就执行，不合自己想法的决策就拖着、糊弄着，抱有抵触的情绪。

强化责任意识，对于领导班子成员在落实上出现的种种问题有一个很好的制约。抓落实体现的是一种精神状态，一种责任意识。首先要充分认识到职务的本质是责任，对自己肩负的重要职责有明确的认识，站在对企业负责的高度，以昂扬向上、奋发有为的精神状态，全身心地投入工作，把强烈的责任意识转化为克服困难的动力。其次要创造性地开展工作，要善于领会"一把手"的意图。班子成员自身要有较强的悟性、灵性，使各项工作不偏离中心和方向，这样才能够与"一把手"在思想上、行动上保持一致。根据总体工作目标，紧密结合所分管工作的实际，理清思路、把握重点，不断探索和创新，找出解决问题的办法和路子，开创工作的新局面。

做好分管工作才是做好承上启下、发挥桥梁作用的重点所在。班子成员能否做好分管的工作，是衡量其是否称职的主要标志，也就是班子成员能力、水平的体现，做不好分管的工作，"一把手"不满意，企业员工也不赞同。

做好分管的工作就是抓好自己的部门，或者自己所管辖下员工的工作任务是否符合要求。那么，怎样做好分管的工作呢？

首先，要明确自己分管工作的任务、范围、权限，也就是自己应该怎么管、管什么，职责任务必须明确，不能乱管也不能不管，要按"一把手"的要求去分管。

其次，要善于学习和借鉴他人的经验和成功之处，寻求做好分管的工作的方法、技巧和途径，特别是要学习"一把手"研究处理工作中的思维和方法，还有领导艺术。学习一定要虚心、诚心，从而提高自身素质，尤其是年轻的班子成员不要目中无人，这样即使有管理水平，也很难做好工作。

再次，在处理分管的工作的时候一定要有主动性，对布置的工作要有明确的落实结果和检验，不能布置完任务就不管了。在执行过程中要克服依赖性，克服在决策之内一些事情的具体处理办法请示"一把手"的情况出现。工作中不要怕出问题，不要怕困难，困难就是机遇，困难问题解决了才能验证班子成员自身的能力。同时班子成员要勇于承担责任，特别是遇到一些棘手的问题，要敢于承担责任，积极、谨慎、妥善地处理问题，主动为"一把手"保驾护航，尽量把矛盾解决在自身能够处理的范围内。

最后，要能充分调动和发挥分管部门的员工的积极性、创造性，以及协作精神，要了解他们的思想动态，在工作、生活等具体困难方面多关心和帮助他们，使他们不分散工作中的注意力。

如果说企业中的"一把手"是企业的头脑和上半身，把握着企业的发展大局，那么员工则是企业的下半身，是企业发展的根本力量。而领导班子成员就是处于承上启下作用的"腰"，如果企业的这个"腰"出现了问题,这个企业一定也会出现瘫痪的症状,不会好到哪去。所以班子成员在企业里一定要发挥自己的作用,一方面做到能很好地帮助"一把手"处理决策上的问题,另一方面还要很好地做好员工的管理和执行工作。让企业的"上半身"和"下半身"在班子成员这个"腰"的作用下,能够有机地结合起来发挥作用。

班子成员要有协同作战的意识

正确选择核心班子成员仅是班子的初步建设,最重要的是能把这些人的力量集中到一起:心往一处想、力往一处使。这就需要在班子内部建立一种很好的信任关系。如果班子成员貌合神离、互相猜疑,怎么可能形成一个高效率的、富有凝聚力和战斗力的班子呢?

班子成员之间要相互信任。从个人的交际关系中不难知道,信任是脆弱的,它需要很长时间才能建立起来,却又很容易被破坏,破坏之后要恢复又很困难。

要成为一名优秀的班子成员,需要学会与其他成员进行公开、坦诚的沟通;学会面对个体间的差异并解决冲突。说到底,一个真正信赖别人的人,一定也会受到大多数人诚心诚意的信赖。古有"士为知己者死"的豪情,如今几乎每个人都有"投桃报李""将心比心"的想法。相反的,那种漠视他人对自己的信任、时刻想利用别人达到自己目的人是极少数的,也是最终会被社会淘汰的。

三国"赵子龙单骑救主"中有这样的细节:忽见糜芳身带数箭,踉跄而来,口言:"赵子龙反投曹操去了也!"玄德叱曰:"子龙是吾故交,安肯反乎?"张飞曰:"他今见我等势穷力尽,或者反投曹操,以图富贵耳。"玄德曰:"子龙从我于患难,心如铁石,非富贵所能动摇也。"糜芳曰:"我亲见他投西北去了。"张飞曰:"待我亲自寻他去,若撞见时,一枪刺死!"玄德曰:"休错疑心。岂不见你二兄诛颜良、文丑之事乎?子龙此去,必有事故。吾料子龙必不弃我也。"

可以看得出来,以刘备为核心的领导班子中,刘备对赵云就十分信任。赵云果然不负所望,拼死厮杀,七进七出长坂坡,终于救出刘备之子阿斗。

一般来说,人在受到信任的时候,都会产生快乐和满足的感觉,进而诱发出全力以赴的心情。班子中成员的互相信任,更是协调班子成员关系、发挥强大战斗力的制胜法宝。

领导班子的状况直接影响着企业的发展。实际上通用电气公司之所以能名扬天下,不仅是因为有了杰克·韦尔奇这样的"一把手",更重要的是通用有一个高效的领导班子。一个协作良好的领导班子,会使企业的业绩具有乘数效应。而如果班子成员协作不佳,相互冲突和相互制约则会使班子与企业共同灭亡。

20世纪60年代中期,日本经济迅速发展,成为世界经济大国,本土企业的国际竞争力也跃居世界前列。为探求日本经济奇迹的秘密,以美国为首的西方国家对日本企业展开了深入的研究。

研究发现,如果以日本最优秀的员工与欧美最优秀的员工进行一对一的对抗赛,日本的员工多半不能取胜,但如果以班组和部门为单位进行比赛,日本总是会占上风。原因在于,欧美的企业是由少数人来主导的,工作由上级以命令的形式发布。在个人主义盛行、鼓励个人奋斗的欧美社会,组织内经常会发生内耗,无法发挥最大的合作功效。而在日本的企业中,员工有着强烈的归属感,故而工作勤奋认真,将全身心都投入到了企业,而企业领导班子则善于发掘全体员工的智慧,注意调动员工的能动性,培养协作精神,使企业的绩效得到了很大程度的提升。

在现实生活中,协同作战能发挥巨大潜力的例子很多。美国芝加哥曾经举办的一次驴子结队拉重竞赛,被经常用来证明团结协作的效率:在这次比赛上,获得第一名的驴队能拉9000磅,第二名稍次于这一重量,当

第 02 章
搭班子：构建一个高效而卓越的团队

把两个驴队合在一起时，却拉动了30000磅。这说明，两个以上个体的协同作战所产生的效果会超过各个单独活动时的效果总和。它创造了一种集体的力量，在某些条件下甚至会发生质的变化。

日本民族对群体作用看得很重，他们认为单个日本人的力量好比一条虫，而十个日本人合在一起却能成为一条龙。在日本的企业中非常重视群体协作，正是这样的一些企业创造出了令世界瞩目的成绩。

领导班子作为群体的一种形式，必然具备群体的各项特征。群体动力学说可以说是建立高效工作的理论基础。群体动力学认为群体的行为不等于群体中各个成员个人行为的简单的算术和，群体与个人的关系是总体大于部分之和，即群体绩效大于各个成员的绩效之和，因为群体的行为包含有集体的行为，能够产生一种新的行为形态。

达美家电企业销售部经理菲利浦斯自认为善于利用人性的弱点，在掌管销售部业务之后，鼓励班子成员相互竞争，以对方为假想敌来促进业绩。菲利浦斯除鼓励相互竞争外，还故意与个别班子成员接触，引发班子成员之间的敌视。他以为这样会让业绩提高，谁知道半年后的结果显示，菲利浦斯挖掘人性黑暗面、摒弃班子成员间协同作战的做法，根本提升不了销售绩效，反而使业绩大幅下滑。

如果班子成员通过共同努力来加强战略方向感——并以此来实现成功的交流——就可以极大地提高工作的有效性，并提高成员间的相互信任感。

领导班子往往是一群强悍的人的组合，因此一山多虎的相互对立，就难以避免。怎样才能使这些有能力的人融入班子中，发挥他们的作用呢？

第一，领导班子成员在处理重要的问题上必须努力取得各自的初步成效，然后反思取得成功的做法，从而找到如何工作、发挥各自能力的最佳方式进行工作。

第二，领导班子中各个成员要做到融为一体的工作，就要主动为自己的工作职位找到相匹配的技能，学会无须确定角色就能共同工作。班子成员应在职业专长上而非个人关系上有紧密关系，如果做到这一点，即使在冲突的氛围下也能创造出惊人的价值。

一个企业班子要有效地进行工作，就必须满足这些条件。领导班子不是一种简单的形式，并不会由于班子成员互相喜欢对方而达到顺利工作的目的。事实上，一个企业班子无论其成员之间的个人关系如何，一定要存在互相信任和协同作战的意识。

企业领导班子中，有企业管理专长的，有党建思想政治工作专长的；有的擅长策划，有的擅长实施，等等。因此，在一个班子中，要相互拾遗、彼此补漏，使缺点得以克服、优点得以发扬光大。

领导班子结构分析

领导班子的结构是指领导班子成员的配置和组合方式，它是一个多序列、多层次、多要素的动态平衡体。从企业产生至今，组织结构大致可分为6种：直线制组织结构、职能制组织结构、直线—职能制组织结构、事业部制组织结构、模拟分权组织结构、矩阵制组织结构。这6种组织结构各有利弊，在不同程度上发挥着各自的作用，不能主观单纯地判断哪种组织结构合理与不合理。

（1）直线制组织结构的利弊分析

直线制组织结构是最早的一种企业组织结构形式，自企业诞生以来一直存在至今，只是从简单发展到了成熟而已。

直线制组织结构企业的特点是实行垂直化管理，企业各级组织服从自上到下的领导，一切生产经营活动均由企业的领导班子成员直接进行指挥和管理，很多工作都是在这种直接指挥下完成的。在这种组织结构中，企业不另设职能机构，大部分管理职能基本上都由企业部门领导自己执行。

显然，直线制组织结构具有两大特征：一是垂直领导的等级制度，部门领导负责其管辖范围内所有职员的工作，并且有权要求职员无条件服从命令；二是职能的专业化分工，责任明确，职责分明，工作标准化。

优点：组织稳定、职责明确、命令统一，它通过组织分工、制度管理使员工齐心协力地为一个共同目标努力，极大地拓宽了组织所能达到的知识的广度和深度。

缺点：管理重心高，组织效率低；权力过于集中，管理风险大；缺乏横向合作，不利于资源的优化整合。员工的基本职责是执行命令，而不是去考虑如何做得更好，因而抹杀了员工的工作创造性。它对组织负责人的知识和技能要求过高，因此在业务比较复杂、企业规模较大的情况下，个人往往是很难胜任其本职工作的。

直线制组织结构是企业最早引用的一种组织结构。这种组织结构简单，管理费用低，比较适用于规模小、外部环境不复杂、处于发展阶段的企业，并不适用于那些现代化、大规模的企业。

（2）职能制组织结构的利弊分析

随着企业的发展，企业的"一把手"再也忙不过来的时候，就产生了职能制组织结构。这种结构中，组织是从上至下将相关业务活动按照一定的职能划分，设立职能部门将有关活动组织起来。比如在企业"一把手"下面设立相应的职能机构，协助"一把手"做管理工作。

优点：专业化管理程度较高，能够发挥各类人才的作用，管理权力适度分化，能够充分发挥职能部门的专业管理作用，减轻直线领导人员的工作负担和减少个人化管理带来的风险。

缺点：容易造成除了"一把手"外的多头领导，各部门权责不明，不利于统一指挥，特别是在上级行政负责人和职能机构的管理命令产生矛盾时，下级常常无所适从，从而影响企业的组织运行和经营秩序的混乱。

这种组织结构基本上同直线制组织结构应用的范围差不多，但不同的是，职能组织结构对于管理工作要求精细但组织内部不需要进行过多的跨越职能部门的协调，外部环境相对稳定的企业来说比较合适。

（3）直线—职能制组织结构的利弊分析

直线—职能制组织形式是综合了直线制组织结构和职能制组织结构的优点建立起来的一种组织结构形式，它既保留了直线制组织结构的集权特征，同时又吸收了职能制组织结构的职能部门化的优点。这种组织结构也叫生产区域制或直线参谋制，它把企业管理机构和人员分为两类，一类是直线领导机构和人员，按原则对各级组织行使指挥权，并对自己部门的工作负全部责任；另一类是职能机构和人员，按专业化原则，从事组织的各项职能管理工作，但不能对直接部门发号施令，只能进行业务指导。

优点：命令统一，职责明确，专业化管理程度较高，组织稳定。它既保证了企业管理体系的集中统一，又可以在各级行政负责人的领导下，充分发挥各专业管理机构的作用。

缺点：职能部门之间容易缺乏交流、协作和配合，职能部门与行政负责人之间容易产生摩擦，组织系统的灵敏度较低，下级的许多工作要直接向上层领导报告请示才能处理，常常造成企业运作效率低下。

直线—职能制组织结构是比较通用的一种企业组织结构形式。海尔在发展初期采用的就是直线—职能制组织结构，当时企业小且产品单一，只有600多人，采用直线—职能制组织结构，下达命令指挥到底，效率相当高。随着企业成长，产品多元化，员工人数增加，直线—职能制组织结构对发展已产生阻碍，为加快产品开发和生产速度经常组成临时项目小组，完成任务就解散。在现实中，许多企业通过设立各种综合委员会或建立各种会议制度，协调各部门、各单位之间的业务工作，提高组织的运作效率就是这个道理。

（4）事业部制组织结构的利弊分析

事业部制组织结构不同于前几种结构，它是为了适应现代化大型企业的发展需要而建立起来的一种比较先进的企业组织形式，它起源于西方，是欧美、日本大型企业所采用的典型的组织形式。它是一种分权制的组织形式，企业可针对自身的产品、服务、项目、地理分布、商务或利润中心等来成立事业部进行运作管理。事业部常常实行独立核算。

优点：拥有相对独立的自主权，专业化管理程度高，组织控制力强，能充分发挥经营管理的积极性，有利于组织专业化生产和实现企业的内部协作，能有效地建立各事业部之间的竞争机制和激励机制，有利于降低企业的经营风险，有利于培养和训练管理人才。

缺点：对管理人才要求高、数量大，企业与事业部的职能机构重叠容易造成管理资源的浪费，各事业部只考虑自身的利益影响事业部之间的协作，各事业部独立核算造成管理费用的增加。

很明显，这种组织结构适用于规模大的企业，尤其是跨国公司，即经济规模大、产品结构复杂、跨区域经营的大中型企业。要求这种企业的事业部必须具备三个基本要素：①相对独立的市场；②相对独立的利益；③相对独立的自主权。

（5）模拟分权组织结构的利弊分析

模拟分权组织结构也是一种复合结构，它综合了直线—职能制和事业部制组织结构的特点。模拟分权组织结构中的组成单位并不是真正的事业部门，但在管理上却将其视为一个独立的事业部，他们拥有较大的自主权，相互之间存在供销关系等联系。

优点：能够降低企业管理中的集权化程度，消除直线制组织结构的缺陷，提高各部门管理者的责任心，有效地调动下级部门的工作积极性，提高组织的效能，减轻高层管理层的决策负担。能够有效地解决企业规模过大而不易管理的问题。

缺点：由于这种模拟分权不是彻底分权，从而造成了责权不十分明确，在任务制定和考核中存在一定的困难，而各部门在沟通协作上亦存在一定的缺陷。

模拟分权组织结构虽然优点比较多，却并不能满足所有企业的不同的要求，但对于大型的钢铁、纺织、石油、化工、电子信息等一类大企业还是非常适用的。在这些企业内部中，部分单位生产出来的产品可能直接成为其他单位的原料，因此，它们之间的经济核算，只能依据企业内部的价格而非市场价格，也就是说这些生产单位没有自己独立的外部市场，这就是"模拟"的本质所在。

（6）矩阵制组织结构的利弊分析

在过去，新组织结构的引进和发展中存在着一场所谓的潜在革命。管理者已经开始认识到组织必须充满活力，也就是说组织必须具有适应环境变化要求的快速重组的能力。于是，矩阵制组织结构也就应运而生了。它就是涵盖了按职能划分的垂直领导系统和按产品（项目）划分的横向领导关系的一种组织结构形式，也就是说，矩阵制组织结构是在直线—职能制垂直组织结构的基础上，再增加一种横向的领导系统。

优点：横向协作沟通密切，组织运作高效，系统机动、灵活，反应灵敏，部门工作积极性较高，能够发挥企业的资源优势。

缺点：这种结构存在一定的隐患，一旦区域部门和产品或服务部门之间的沟通和协调出现问题或发生断裂，就会严重影响公司的决策，导致无法实现对外部客户承诺的产品和服务。而且成员位置不固定，组织不太稳定，对管理人员的素质要求比较高。

矩阵制组织结构最早的实践是ABB的前身ASEA，它是一家瑞典公司。

1979年巴纳维克出任ASEA总经理时，着手对公司的组织结构进行改革。首先，他把公司扁平化，并在公司拓展国际业务时将公司重组为全球矩阵组织。ABB成功之处在于其全球性矩阵组织结构的战略与执行，这种组织结构方式，可以使公司因为提高效率而降低成本，同时，也因较好创新与顾客回应,而使其经营具有差异化特征。这一组织结构模式受现代化的大企业的广泛采用,如杜邦、雀巢等都是这种组织结构的受益者。

在一个庞大的组织系统之内,如果领导班子具有最佳结构,其成员同心同德,互相取长补短,他们所管理的组织自然就会兴旺发达。

战略的变化将决定组织结构的形式。没有一种组织结构可以适应任何经营环境和战略,但并非所有的组织结构在任何环境下和不同的战略条件下都可以发挥出同样的作用。适者生存,只有那些在环境发生变化、企业经营战略进行调整之后对企业的组织形式迅速进行调整的企业才能在激烈的竞争中得以生存。

班子内部的协调发展

领导班子是组织的核心,具有特殊功能和特定作用。处于核心地位的"一把手",在这个群体中起着关键作用,任何工作的开展,都需要"一把手"带头、示范、协调和推动。领导班子内部协调与否,直接关系到班子战斗力的发挥,关系到事业的兴衰成败,"一把手"的责任尤为重大。如何当好"一把手",这是新时期领导工作的一个关键问题。

(1)适度放权

在我国现阶段,"一把手"高度的集权管理的现象比较普遍,这种现象只会导致企业运行缓慢。如果大小权力都集中到"一把手"身上,职员们凡事都要先批而后动,主动出击在原则上就是越权,搞不好会弄丢自己的饭碗,谁都不会去冒这个险的!如果"一把手"能把大部分的权力下放到领导班子中其他人员身上,让他们有机会发挥自己的优势,有权力决定自己怎样做才能做得更好,不必千篇一律。放权的结果就是要让下属全都行动起来,充分利用自己手中的权力,完成自己的工作,使之更趋完美。

一个优秀的"一把手"最关键的作用,其实就在于如何把人员合理地进行统筹安排。而要做到这点必须学会如何放手管理，比如雇用在各个专业领域里比自己更好、更聪明的人，使他们熟悉他们要做的事情，这是成为一个高增长企业的惟一办法。

思科总裁兼 CEO 钱伯斯就是一个很好的"一把手"，钱伯斯在思科的好多决策上根本不需要亲为，下属便能很好地作出正确的决策并执行。

钱伯斯也是所有知名企业中最乐于放权、最懂得放权的"一把手"。他的头脑里始终这样认为：一个人的能力是有限的，如果只靠一个人的智慧指挥一切，即使一时能够取得惊人的进展，终究会有行不通的一天。在钱伯斯看来，所谓的最有能力的"一把手"并不是指那些死握着权力不放、集权搞独裁的人，反而那些乐于放权，让企业领导班子中多个人共同管理企业，在经济发展的今天更能一帆风顺。

的确，合理的放权是企业管理中最核心的问题，因为管理的实质就是通过他人去完成任务。授权意味着企业的"一把手"可以从繁杂的事务中解脱出来，将精力集中在管理决策、经营发展等重大问题上来。

钱伯斯在思科公司确实是这样做的：他赋予员工们更多的自主权，让他们自己把握自身工作中的所有细节问题并适时地作出决定。他还对招聘进来的人才委以重任，让他们每个人都能够独当一面，既体现了钱伯斯对他们的充分信任，又显示了钱伯斯对他们的尊重。他从不告诉下面的人应该怎么去做，而是告诉他们一个目标，让他们来看怎么实现这个目标。这就避免了那种上面作了决定，下面只是执行的集权做法，使进入思科的人才充分发挥了他们的主观能动性。正是这样，使钱伯斯有了更多的时间去旅游和耐心寻找使思科更壮大的机会。

在钱伯斯这种"分权"理论的指引下，思科员工的积极性得到了重大的发挥。"一把手"只负责重点的目标策划，到了执行的时候每位员工可以不听从其他人的具体实施指令，直接采用自己认为最佳的方式，只要能更好地完成任务，他的直接上司也就乐于放手让他们自己选择。这样一来，思科的高层管理层负责确定战略和目标，建立公司所需要的文化，然后放权到基层，让更多的基层人员拥有决策权。

放权是企业发展的必经之路，而监督下放的权力使用是否合理是贯彻落实的保障。如果只授权而不监督，后果就是四分五裂；如果不授权只监督，局面则会是一潭死水。我们可以通过多种方法来完成放权后的监督工作，但哪种方法最为有效呢？不同的"一把手"都有着自己的办法，下面介绍两种：

①授权的时候，通过让大多数员工的集中注意，来监督被授权者的行为最为有效，也最省事。

②上级的直接监控比较耗费精力，但可以根据特定的任务、被授权者的经验和他们先前的表现来调整监控程度，这种方法也是最能提高被监控者效率的一种。

企业的"一把手"们不妨把手中聚集的权力暂时地分散下去，让自己更轻松的同时，带来员工们的生产力革命也是有可能的。

（2）加强沟通，化解企业内部冲突

企业的领导班子在处理企业的问题时一般都会形成一定的合作关系，但合作并不意味着成员之间不存在对问题的不同意见。从任何一个成功企业的发展历程上不难发现，如果一个企业的领导班子中不存在冲突，大家一团和气，对"一把手"或其他成员提出的议案都举双手赞成，听不到任何异议，那么这个企业一定存在问题。

箭牌口香糖执行董事长小威廉·来格礼曾说过："如果两个人的意见永远一致，就表示其中有一个人是多余的。"

事实上，成功企业的班子成员之间的冲突无时无刻不存在着，当然这些冲突中可能有些是显性的，有些是隐性的；有些是建设性的，有些是破坏性的；有些是认知层的，有些是情感上的；有些可能危及企业存亡，有些可能不值一提。面对企业的核心力量发生的冲突，作为企业的"一把手"应该正确面对它、分析它、解决它，从而提高班子的整体绩效。

面对班子内部出现的不同性质的冲突，"一把手"或执行委员会应该采取不同的方法来解决。对于破坏性的、情感上的以及危及企业存亡的冲突，我们应尽量避免它们的发生，一旦发现此类冲突的迹象，就应该快刀斩乱麻，将其扼杀于摇篮之中。而对于建设性的、认知层的冲突，则应加以适当的引导，利用冲突发掘不同的意见，激发更多的创意。

通用公司前CEO杰克·韦尔奇就十分重视发挥建设性冲突和认知层冲突的积极作用。他认为，企业必须反对盲目的服从，每一位成员都应有表达不同意见的自由，将事实摆在桌面上进行讨论，尊重不同的意见。

怎样才能利用好成员之间的冲突，让冲突转变为企业前进的动力呢？成员之间的冲突一般都出现在沟通上，他们之间如果没有真诚的交流，冲突在一定程度上只能起到反作用。

沟通是管理的精华，是协调冲突的最佳武器。班子成员若想减少冲突，首先就应该建立起一种信任关系。通常情况，尽管班子成员之间可能会花很多时间来相互交谈，但由于担心会受到对方的报复，常常隐瞒重要的信息，不发表批评意见，或接受有问题的战略，从而无法实现有效的沟通。糟糕的对话带来的最严重的后果往往是无法利用不同的观点和背景，从而降低了成员间进行创造性工作以及适应市场变化的能力。

零售帝国沃尔玛创始人山姆·沃尔顿很注重企业在管理中的沟通，并能通过有效的沟通，很好的处理企业内部员工的冲突，发挥他们的潜在力量。

在沃尔顿看来，企业管理中最重要的莫过于企业成员之间的沟通。沃尔顿总是不遗余力地与领导班子成员和员工沟通。

沃尔顿会对各个地方的沃尔玛连锁店进行不定期的视察，并与员工们保持沟通。这使他成为深受大家爱戴的领导核心，同时这也使他获得了大量的第一手信息。一方面，他通过沟通发现问题，同时也乘此机会挖掘人才。他常会在视察完某家店面之后，给业务执行副总经理打电话说："让某某人去管一家商店吧，他能胜任。"业务经理若是对此人的经验等方面表示出一些疑虑，沃尔顿就会说："给他一家商店吧，让我们瞧瞧他怎么做。"因为在沟通中他已经了解了这个人的能力。

沃尔顿也绝不能容忍班子成员不尊重普通员工。如果在与员工的沟通中得知有这种象，在经过调查确认之后，沃尔顿就会立即召集领导班子开会来解决这种问题。因此，有效沟通对沃尔玛公司的发展起到积极的效应。

杰克·韦尔奇曾经向员工们发表演说时指出："我们已经通过学习明白了'沟通'的本质。它不像这场演讲或录音谈话，也不是一种报纸。真正的沟通是一种态度，一种环境。它是所有流程的相互作用。它需要无数的直接沟通。它需要更多的倾听而不是侃侃而谈。它是一种持续的互动过程，目的在于创造共识。"

能实现有效沟通的班子，成员之间高度的互相信任，能够虚心地分析每种做法的可行性，使领导班子能发挥出合作的共力。相反，不能实现有效沟通的班子，成员之间缺乏信任感，致使为了某些问题总是喋喋不休、谁也不服谁，或者干脆各干各的，这样就造成了成员们不能充分发挥各自的潜能，甚至出现"1+1 < 2"的现象。

在一个企业里，不论是领导班子之间，还是在领导班子与员工之间，都要形成一种有效的沟通模式，让整个企业从上到下，尽可能地避免那些恶意冲突的产生，让企业由内而外地产生一种强大的凝聚力，实现企业和谐发展的目标。

解决"1+1 < 2"的问题，发挥班子成员的力量

班子中影响企业发展的另外一种问题就是"1 + 1 < 2"的现象，就

是说企业有了领导班子之后确实比一个人领导的力量大了，但是远没有达到它应该发挥的最大力量。

（1）"1＋1＜2"现象产生的多方面原因

①一些领导班子成员对"铁腕政治"爱不释手。这样就导致公司纪律森严，人人小心翼翼，如履薄冰，员工们不敢对外界评论和探讨该公司，更不敢思考该公司的未来发展战略。领导说什么是什么，从来没有敢提出异议。这样的公司能否有长远的发展，结果还有待观察。如果一个团队是独裁专制性的，那它的健康水平也就低。

②一些班子成员善用"借刀杀人"的伎俩。在有些事情上碍于情面，不便亲自动手，于是想尽办法借助外力解决。比如，以公司管理中遇到的一些问题为理由，引入咨询公司，在咨询报告中提出种种改革措施，趁机削弱某些人在公司的影响力和控制力。或者借着市场调整的机会给他们一些不可能完成的任务，从而为削权制造借口。

③一些领导班子成员的决策错误。某家电制造公司在自己的内部报纸上开辟了一个长达一年的专栏，让员工给中层经理提意见。每个中层经理都必须被写进专栏，而且必须是负面批评，如果有一段时间没有被基层员工在专栏中提到，报纸的主编就会点名批评这个中层经理，说此人一直默默无闻，肯定没有在业务拓展上下功夫。一年下来，中层经理人人自危，因为自己的把柄都被老板掌握，自然俯首帖耳，以求年底考核时不被炒掉。

④班子成员自视过高，看轻其他的人。某企业生产管理部共有4位成员，他们是进入公司2年的A先生、B小姐，进入公司4年的C先生与D小姐。他们各有特点：A先生做事有条理，交给他做的事总能有计划地完成，但是A先生在工作中主动性不够。B小姐活泼开朗，经常在工作中会提出一些新鲜点子，但是做事条理性欠缺。C先生从公司刚成立就已在此部门工作，经验丰富，而且工作积极主动。D小姐与C先生同为公司

资深员工，工作经验丰富，且人缘很好，在公司各个部门都有好朋友。部门成员对本职工作都非常熟悉，工作完成情况较好，但就是感到他们并没有进行真正的合作，并没有爆发出应有的团队潜能。另外，部门成员对待其他部门的态度也很冷淡，平时言谈中总是流露出不满的情绪，诸如某某部门的人员如何没有理念啊、没有思路啊，自满的态度在部门成员间平时的交谈中表露无遗。

为了避免过多的争端，班子成员们往往都会为自己戴上一副或者几副不同的面具，来隐藏自己的真实目的，其言必称以公司利益为重。任何正常的运作都可被用来作为借口，从而使得一切都不露痕迹，其结果使得领导班子的领导动力明显不足。

如何才能把班子的力量完全发挥出来呢？除了一些政治方面的问题，最重要的就是如何调动班子成员的干劲儿。

（2）提前规划定职责，做好做坏有标准

作为"一把手"，仅仅了解班子成员的内心愿望还不够，不要以为多发奖金，多说好话就能调动他们的积极性。用正确的方法和措施调动班子成员积极性，对企业发展的作用不言而喻。那么怎样解决"1 + 1 < 2"这个问题呢？

首先，必须让班子成员明白自己和整个战局的关系，还要讲清楚这件事情做好会怎么样、做不好会有什么后果，这对他的积极性就有了初步的调动。

其次，凭什么说你做好了或做坏了，凭什么给你这种奖励或惩罚，如果这是规定好的，不是人为临时定的，积极性就会得到更大程度的调动。

（3）"两奖"并举不容少

奖励一定要做好两方面的工作，一个是物质奖励，另一个是精神奖励。它们之间相辅相成，在激发班子成员干劲儿方面都发挥着积极的作用。香港联想曾经有位总经理，分红权、认股证、期权都在他的掌握中，到他认为适合的时候再宣布他要给谁多少。今天看来给下属的东西并不少，但是没有人感谢，没有人真正被调动起积极性，就是两种奖励没有有机地结合好。

物质需求是人们从事社会活动的根本动力，奖励时重视它无疑十分重要。但是重视物质奖励绝不是提倡个人抛开国家、企业的利益，专为自己的物质利益奋斗。精神需要是人们的高层次需要，精神利益的满足是促使人们能力发展完善的重要动力。实行精神奖励，能促使人们在愉悦的精神享受中陶冶思想情操，加强科学文化知识修养，使自己的各种能力不断发展、丰富，成为有理想、有道理、有文化、有纪律的劳动者。

物质奖励和精神奖励既有联系又有区别，奖励时要将它们结合好才能发挥效果。现阶段，既不能只给物质奖励，使人们忘记大目标；又不能超越历史阶段，只进行精神奖励。要在不断满足人们物质需要的基础上（包括奖励的内容和形式），不断提高人们的思想觉悟，对于社会先进分子则应有更高的要求。

（4）提高班子成员积极性的妙计

①向他们描绘远景。"一把手"要让班子成员了解工作计划的全貌及看到他们自己努力的成果，成员们越了解公司的远景，对公司的向心力就越高，也会更愿意充实自己，以配合公司的发展需要。有些成员渴望了解更多的公司远景但无从知晓，与其让成员浪费时间、精力去打听小道消息，还不如让他们更加明确公司的目标规划。否则成员会对企业没有归属感，能混就混，不然就总想着换个更有发展前途的企业去发展。

②授予一定的特权。授权不仅仅是封官任命，"一把手"在向班子成员分派工作时，也要授予他们一定的特权，否则会让他们有一种有权无实的心理障碍，而失去鼓励的效果。正确的授权可以清除心理障碍，让他们觉得自己是在"独挑大梁"，可以单独决策一些事情。他们也会迸发出一种潜在的力量。领导者需要做的，一是要让所有的相关人士知道被授权者

的权责；二要在授权之后，就不再干涉在他权力之内的事情。

③给成员好的评价。有些班子成员总是抱怨说，"一把手"只有在自己出错的时候，才会注意到他们的存在。身为"一把手"应该尽量给予成员们正面的回馈，尤其是在公共场合的正面评价，至于一些负面批评可以在私下再提出，以保全成员的公共形象。

④善于听成员们诉苦。不要打断班子成员的汇报，不要急于下结论，不要随便诊断，除非对方要求，否则不要随便提供建议，以免流于"瞎指挥"。就算在一起商量工作，领导者的职责应该是帮助下属解决问题。如提供信息和情绪上的支持，比如说一些"你一向都做得不错，不要搞砸了"之类的话更有激发作用。

⑤给予适当的特殊奖励。在认可下属的努力和成就的同时，给予他们一些特殊的奖励，比如特派学习、度假旅游等来提高他们对完成工作的渴望。

⑥坚决处理企业内部不和的现象，鼓励合作。严肃处理因个人原因导致的在工作过程中发生的争端。必要的时候应采取降级处理，在这个过程中不要偏袒任何一个人。避免因处理不公，一波未平一波又起的事情发生，鼓励在工作方面的合作。

群策群力才是发展之路

对于企业来说，认识到高层管理的职务应由一个班子来担当，特别重要。许多企业之所以未能得到发展，一个最主要的原因就是由一人主宰着企业的命脉，难免出现一步走错满盘皆输的命运。

（1）揭秘福特之衰败

很大程度上福特公司在后期衰败以至几乎崩溃，最主要原因在于亨利·福特独揽管理大权。在福特公司发展和成功的时期，事实上是由亨利·福特和处于平等地位的詹姆士·卡曾斯共同组成的一个真正的领导班子来经营的,许多领域的最后决策权在领导班子中有明确的分工。自从卡曾斯进入政界,并在新政时期成为一名深受人们欢迎的自由派参议员后,就退出了福特公司的领导班子,而真正掌权的就只剩下亨利·福特一人了。从那以后,福特汽车公司开始走下坡路,这不能说是一种巧合,归根结底只能说是福特没有依靠班子成员群策群力发展的结果。

企业高层管理的工作应由一个班子而不是由一个人来担当。一个人就算再优秀,也不可能同时精通企业经营的各个方面。除此之外,企业管理任务的工作量也不是一个人所能承受的。除了一些小企业,所有大企业的管理任务都需要几个班子成员共同努力才能实现合理化管理。

一人管理企业通常情况下是搞不好的,从企业管理任务的复杂性来说,从一开始它就是要由一个班子来担当的职务。企业里当然可以有一个人来充当最主要的"一把手",但班子成员的群策群力的作用,是哪一位想要做好"一把手"的人都不容忽视的方面。

(2)李嘉诚的"有容乃大"与职责定位

长江实业集团的创始人李嘉诚有别于一般中国商人,他既胜在经营,也胜在管理。特别是在公司管理方面,确有他的独到之处。

李嘉诚的核心理念是"长江不择细流""有容乃大"。他在解释长江集团成功经验时说:"只有认识到自己在企业里的真正作用,自己才不会那么骄傲,不会认为自己样样出众,承认他人的长处,得到其他人的帮助,这便是古人说的'有容乃大'的道理。今日,如果没有那么多人替我办事,我就算有三头六臂,也没有办法应付那么多的事情,所以成就事业最关键的是要有人能够帮助你,乐意跟你工作,这就是我的哲学。"

在李嘉诚的领导班子中有被人称为长实的新型三驾马车,他们分别是霍建宁、周年茂和洪小莲。长实系的投资安排、股票发行、银行贷款、债券兑换等,都是由霍建宁参与抉择。霍建宁的年收入在1000万港元以上,而人们的评价是霍氏的点子"物有所值";周年茂赴英专修法律,回港后即进长实,被李嘉诚指定为公司发言人。两年后选为长实董事,1985年提升为董事副总经理,负责长实系的地产发展,并代表长实参与政府官地拍卖;洪小莲原跟随李嘉诚任秘书,后来任长实董事,不到40岁就全面负责楼宇销售。李嘉诚非常善于分析这些人在决策方面独到的见解,这也正是长江实业集团发展的秘密所在。

李嘉诚所采取的这种管理办法,是相当普遍的一种结构形式:企业里有一个人明确地作为"一把手",另外有三四个高层管理人员组成领导班子,班子中每个人承担分工明确的高层管理职责。

有些企业虽然存在这样一个领导班子,但不存在管理实效,所以有必要采取措施防止"一把手"在这层伪装下实行独裁。

(3)群策群力——最大限度挖掘企业潜力

①管理学大师西门士的管理理念在德国的遭遇。1887年通过的德国公司法在很大程度上是西门士的思想反映。该公司法规定在公司中必须要成立一个董事会即领导班子。但是许多德国公司,特别在1900年到第二次世界大战期间,大都是由一位专权的总裁来亲自管理的。由于这些企业同西门士所倡导的原则相反,董事会的其他成员都没有明确的分工,所以这些企业的工作效率一直很低。

要防止这个问题产生,唯一有效的办法是,让每位领导班子成员的任务明确,并把分配给他们的任务作为直接的、首要的职责来完成。再有就是在较大的公司中,凡承担任何一项重要职责的班子成员都不适合再承担与其工作职责不相符的任务。

很多公司在这点上都做得很好,都得到了应有的回报。国际商用机器公司就是其中的一个,该公司在一些主要领域中有一些集团负责人,如研究、工程和制造,国内、国际销售和服务,以及非电子计算机业务。但该公司另外还有一个是由董事长、总经理和两位高级人员组成的四人领导班子。这四个人都不担任具体作业工作,每一个人都承担明确分工的高层管理的职责而没有其他的职责,这样就有效避免了决策上独裁现象的产生。

领导班子除了利用班子中成员群策群力的做法以外,利用企业员工们的合理化建议对企业的发展也是利大于弊的一项举措。

②西南航空公司——利用员工的合理化建议结硕果。西南航空公司的45个分支机构的300多名员工,利用他们的私人时间集中讨论了各方面的问题,例如公司在哪些方面做得较好、怎样保持高昂士气、怎样更好地处理员工们的建议、怎样改进操作以及提高公司整体精神文明。

公司的领导班子在回复方面也相当迅速,员工们的每项建议在30天内都能得到答复。一些关键性的数据,包括每月载客人数、公司季度财务报表等员工们都能知道。员工电话簿是用三个环装订成的册子。第一页记事录上介绍高级领导者的姓名并贴上他们的照片。这页记事录上还提出了一些有趣的问题,例如,"假如我休息,我(　　)。""第一线座谈会"是一个全日性的会议,专为那些在公司里已工作了10年以上的员工而设。会上副总裁们对自己管辖的部门先作概况介绍,然后公开讨论。题目有:"你对西南航空公司感到怎样?""我们应该怎样使你不断前进并保持动力和热情?""是什么使你在公司里干了10年?""我能回答你一些什么问题?"在全体人员的群策群力下,西南航空公司一直保持着良好的运营势头,成为了为数不多的几家成功的航空公司之一。

种种迹象显示,无论是采取领导班子中成员群策群力的方法,还是采取全员群策群力的方法,都能使企业走向正确的发展道路。

俗话说:"无规矩不以成方圆。"毫无疑问,规矩是管理企业过程中一个非常重要的因素之一。规章制度是使公司的雇员知道哪些事是可以做的,哪些事是不可以做的。立规矩重点强调的是要制定一个较公平的制度,然后才是制度的传播与员工的遵守问题。制度制定得公平与合理是首要因素,其次才是强有力的执行,对违反制度者要依制度予以惩治。

• 第 03 章 •

知人善用,给人才用武之地

注重继任者的培养和选择

杰克·韦尔奇说:"我希望这个人(继任者)精力充沛,能激励别人,为他们制定目标,他喜欢变化而且不会为之吓倒。我希望这个人在任何地方都能保持坦然的态度。我的意思是说,这个人要真的坦然地和各种人打交道。我不知道世界将变成怎样,我所知道的是它将不会像今天这样。它会运转得更快,信息将无处不在。我已经看到了我们的工作——我的工作已经比过去加快了3倍。"

生活中,无论是工作、交友,乃至择偶,都会碰到识才识人的问题。能够别具慧眼,观察入微,自可寻得千里马,觅得如意郎。

2001年4月,美国通用电气公司第八任董事长兼CEO杰克·韦尔奇在其任职20周年之际宣布从其岗位引退。2001年7月,GE公司董事会一致通过44岁的杰弗里·R.伊梅尔特(GE医疗系统集团总裁)为通用电气第九任董事长兼CEO。美国社会上下对GE接班人关注的程度,甚至不亚于美国的总统选举。这是因为:GE是全球最大的商业公司;韦尔奇是全球最佳的CEO。

韦尔奇没有忘记自己最后的一项重要工作:挑选一个能够超越自己的接班人。为此,通用电气用时6年5个月零2天,董事们花了数千小时展开漫长而复杂的挑选。最初的原则似乎只有一条:继任者一定要在公司内部挑选出来。这既让董事会对该人选有充分的考察及了解,也能保证一旦当选,新CEO对公司高度的熟悉,能够立刻判断公司改变的余地在哪里。

韦尔奇把选择、培养继任者的工作当作自己职业生涯中最为重要的一件事。至少有一年的时间,这是他每天早上思考的第一件事,也是每天晚上占据他整个思维的事情。按规定,韦尔奇在65岁退休,而在1994年

第 03 章
知人善用，给人才用武之地

当他58岁离退休还有7年时，就开始着手继任者的选择培养工作，他对人力资源部高级副总裁比尔·康纳蒂说："你和我将要长期关注的一件事就是为这个职位找到最合适的人选。"他深刻认识到，这个赌注关系的是GE未来5年、10年，甚至20年的新水平。

在1994年，由董事会管理、发展和酬薪委员会敲定了最初的24名人选，按照"现成人选"、"有力竞争者"和"范围较宽的人选"分为3组——伊梅尔特和他最后的两名竞争对象均在最后一组。随后就是漫长的考验过程，除了每个人每个阶段的业绩，还有在各个场合他表现出的能力。

直到最后确定了3名人选，韦尔奇仍不着急做最终决定，而是让3个人都离开自己的岗位，并在随后的半年内培养出自己的接班人，完成工作交接。这是最终的考核：不能成功选拔自己接班人的人，是不能担任通用电气的CEO的。

如对杰夫·伊梅尔特的考验和锻炼，原先是由他负责塑料业务，接着让他尝到了电器工业残酷竞争的味道，后来又安排他作为主管医疗器械系统的CEO。经过这样一番岗位轮换，他熟悉了通用公司的三大系统，这就为他接替韦尔奇的职务打下了坚实的基础。为了跟踪候选者的发展情况，通用公司董事会在每年的6月和12月各举行了一次对继任者的评估会，韦尔奇自己在每年的2月还要做一次实地的评估。候选人收缩为3个人后，韦尔奇意识到，这3个人都很优秀，都有资格任通用的CEO，但结果只能有1人担任，而另外2位候选者只能到其他公司担任CEO。因而他明确告诉3位候选人"要么被提升，要么就走人"，在被提升或走人之前，他们必然承担一个任务，即用6个月的时间训练各自的继任者。由于韦尔奇极度重视，费尽心机，终于圆满地完成了新老CEO交替的平稳过渡。

在挑选继任者的整个过程中，韦尔奇和董事会打破了常规。他们没有提名任何一位首席执行官,也没有考虑从通用电气圈外挑选新人,他们既没有为这个长达10年之久的选人过程制定计划,也没有一个共同的标准来衡量可能的人选。他们所做的就是花上相当长的一段时间来了解每个候选人,花更多时间同公司内部的人来谈论每个人。

一般来说,优秀公司的董事会在选择继任者上不会花上超过100个小时,但通用电气却花了数千个小时。很多高级管理者从未听说过选择继承者要花这么长时间,这很显然是个持久战。但有两点原因可以理解通用电气公司的做法:

一是在美国,许多知名的公司都先后发现他们对新任首席执行官的选择是失败的。过去的几年中,宝洁、朗讯、可口可乐、施乐、吉列、英国航空公司都和新任首席执行官分了手,这一点充分地说明许多公司的选人程序存在问题。

二是此次的选择是否正确无人知晓,但通用电气历史上对新管理者的挑选一向无误,韦尔奇本人就是个极好的例子。他经验丰富,几乎干遍了公司内的每个管理岗位。正因为如此,他的方式才更值得关注。

杰夫·伊梅尔特最终胜出。虽然韦尔奇始终闭口不谈最终3名候选人的差别何在,但可以相信,3个人之中,伊梅尔特是最具有战略眼光、大破大立的胆识的人,他也得到了来自韦尔奇的忠告:"大胆开拓。"

韦尔奇退出了通用电气的董事会,他不愿因自己而限制伊梅尔特的作为。"我离开通用电气仅仅因为我头顶秃了吗?"当华润集团董事长宁高宁就接班人问题询问韦尔奇时,他颇为自豪地表示,其他公司和通用电气的差别在于"他们没有接班人选拔机制"。

虽经历过20世纪90年代初期最严峻的危机,但IBM一直是全球公认的"蓝色巨人"。IBM能长期成功并保持发展的延续性与稳定性,同韦尔奇一样,与它对接班人的培养也是密不可分的。

IBM的高级经理都有一门必修课——"接班人计划"。这是一项颇具特色的企业高管人员培训计划。这对于众多大型企业,尤其是面对甄选和培训高层管理人员的中国企业具有借鉴意义。

IBM首先强调接班人甄选是当任经理的重要职责之一,从而将接班人培养提高到企业发展的战略高度。

IBM认为:找不到接班人的经理不是一位合格经理人,且本人不能得到升迁。其最终目的是为公司培养、锻炼和选择有潜质的后备人才。计划的实施有两方面的效果:一方面是让优秀人才可以专心致志为IBM服务,让他觉得只要认真工作就有提升机会;另一个是在企业真正需要接班人时,公司能有足够的挑选余地。

一个完善的接班人计划,往往包含理性、情感与政治运作等复杂元素在内。

首先,要评估的是接班时机、候选人的标准与列出候选人。影响接班的时间,与现任管理者的年龄、企业的现状与有无合格的人选有关。有时,管理者可能得考虑在别人毫无预期的情况下交出棒子,以遏止中途不必要的情况发生。候选人的标准除了得考虑他们过去的绩效,也得将企业未来所需的管理者条件列入考虑。

此外,进行接班计划时,要避免两件事情:一是寻找企业救世主的心态;二是忽略企业需要变革的事实。管理者必须很诚实地面对企业实际的需求,并分析个别候选人所具备与缺乏的能力。

在评估候选人的条件时,对内部与外部候选人的评估标准要一致。管理者倾向以较严苛的标准检视内部候选人,因为他的绩效表现很容易被看到;但是,外部候选人比较容易掩藏自己的弱点,只展现自己的长处。在企业整体绩效不佳的时候,管理者容易舍弃内部合格的候选人,转而从外部找来救世主。

朗讯科技(Lucent Technologies)就是一例。朗讯科技内部原本蕴藏许多管理人才,但他们却深感被提拔的机会渺小而纷纷挂冠而去,惠普的菲奥莉娜（Carly Fiorina）与英国电讯的维瓦元（Ben Verwaayen）原本都是朗讯的高阶管理者。当朗讯面临危机时，董事会主席企图从外部找寻全新的管理人才。但在遍寻不着的情况下，最后才又从柯达公司找回原本也是朗讯管理者的罗素（Patricia Russo）。因此，管理者应切记，不要低估已认识候选人的能力，而高估一个陌生人的才能。

作为一个企业管理者，你的首要任务之一是培养一批接班人。而要能选出一个好的接班人，就需要管理者有一双鉴别"千里马"的慧眼才行。

纵观国内外的培养接班人案例，成功的企业不仅在机制与文化上已经成熟并达到一定高度，在对其员工的职业长期规划上也有详细考虑，不仅解决了信任与能力的问题，更有合理的培养计划和提拔制度。

别过于依仗家族成员

在企业发展史上，无论是在任何国家，都有许多家族企业，这些企业是由家族控制并管理的。而且，家族管理并不一定是中小型企业，其中占据同行业领先地位的世界级大公司有很多也是由家族经营的。当然，单纯从企业的功能性的工作来讲，家族管理的企业与专业管理之间是完全相同的。比如说，所有的企业都会涉及到的研发、营销、会计等。然而，家族企业的管理规则，却与专业管理规则不尽相同，而且必须严格遵守这些规则，否则，家族企业将无法生存，当然更提不到企业的发展了。

杜拉克说："家庭成员不应该在企业里工作，除非他们非常能干而且勤奋。"一个家族管理的企业里，无论家庭成员的工作或职位是什么，他总是处在"高级管理阶层"，这是十分正常的。因此也就难以避免地让非家族成员的同事、员工感到不舒服。不要认为这样可以起到监督作用，这是对非家族成员员工自尊的一种冒犯。这种监督与给员工带来的消极情绪相比得不偿失。尤其是让平庸、懒惰的家庭成员在家族企业中占着位子，无疑是件极其糟糕的事，他会降低企业里整个职工队伍对高层管理乃至对整个企业的尊敬。

杜邦公司就是一个家族企业，它之所以能够生存并且兴旺发达是因为，杜邦家族的所有男性成员在公司里无一例外都是从最基层做起。5至6年后，由几位家族长者对其表现做仔细的评估。如果评估的结果认定该成员在10年之后不大可能成为高级管理人才，就会被毫不客气地请出公司。

杜拉克认为："公司管理层必须有一个高层职位由非家族成员来担任。"而且，他还认为："在家族企业里，越来越需要在关键的岗位上安排非家族成员的专业人士。"家族企业需要一位极受尊敬的人来参与高层管理，他的职位可以是财务主管或研究部主管，甚至也可以是营销或人事主管，这样就不会把生意同家族搅在一起。另外，不论家族成员多么能干，本身的意愿是多么美好，他如果难以胜任，主观愿望往往就难以达成客观现实。无论在生产还是在营销、财务、研究、人事管理等方面，所需要的知识和专长都很高深，不论一个家族多么优秀，也不可能有足够的人完全胜任这些工作。因此，对那些非家族成员的专业人士，一定要平等对待，让他们在公司里享有"完全的公民权"，否则他们根本就不会为实现家族企业的利益而长期在这些专业岗位工作下去。1967年年底，杜邦公司的科普兰把总经理一职让给了非杜邦家族的马可，在杜邦公司史无前例，而且财务委员会议长也由别人担任，科普兰专任董事长一职，从而形成了一个"三头马车式"的体制。1971年，科普兰又让出了董事长的职务。

杜拉克还指出："要让外聘管理人员享有'主人感'。"对于家族企业中外聘的高阶层专业管理人员，只有让他享有所应享有的报酬和激励，他才会有"经营自己的事业"的感觉。1920年，杜邦在改组公司的时候专门为此发明了一种优先认股制度。这一决定曾遭到杜邦家族的激烈反对，但是杜邦坚决相信他这项制度是正确的。后来事实也证明了他的做法正确。这一制度的重要性不在于金钱，而在于管理人员由此获得了地位。事实上，如果不是这一套制度，杜邦公司的外聘管理人员将有被歧视的感觉，杜邦公司的历史可能会改写。

在家族企业当中，管理层的继承问题也是一件大事，这时候经营的需要与家族的需要发生了冲突，严重的会导致分裂的结果。解决这一问题的办法就是在家族成员开始对继承发生分歧前找出一个非家族成员做仲裁者。

家族企业一旦发展到一定规模的时候，就算已经能够吸引和保留外聘的专业管理人员了，也不一定可以持续经营。一个家族企业在成长及繁荣之后，其家族成员有可能分心干别的事情，渐渐日趋独立，另谋他业。结果家族成员中能继续专心致力于企业工作的人数也就会日益减少，而减少的往往可能是干练型的人才，最终发展至整个家族企业成为专业管理人经营的企业。

在家族企业管理中，传统的管理模式是让家庭成员担当主要角色，直接参与管理，有利有弊。但是，家族成员在企业中介入面越广，分布阶层越多，也就越麻烦。在一个企业中，家族成员的过多参与往往是弊端大于好处。

诚然，国外不乏家族企业成功的例子，但中国国情不一样，我们对私有财产管理、运作、监督的法律制度不如人家完善，财产管理的社会服务水平不如人家高，几乎每一方面都得亲力亲为。也就是说，几乎不可能要求家族在公司任职的每一成员都是岗位上的专家。然而家族化经营又有一定的封闭性。由于家族观念根深蒂固，企业引入优秀人才比较困难。而矛盾的是，企业发展壮大又急需人才加盟，因此只能从家族内部挖掘，结果是"矮子中拔将军"，家族中一些资质平庸、能力一般的人进入企业管理层。虽然这些人贡献并不大，甚至比其他员工还小，但他凭借自己的特殊关系颐指气使、养尊处优，不干实事，还要获得超额利益，甚至争权夺利。这类情况破坏企业的管理与激励机制，直接影响到非家族成员的工作积极性，进而影响到企业的发展壮大。

由于中国的人情关系，家族成员的角色冲突也很严重。一方面，家族成员是企业的员工，某管理人员的下属，需要听从上级的指挥；另一方面，家族成员又是董事长、总经理的亲属，甚至是长辈，有些人还自恃有此"资本"，导致工作关系难以处理。家族成员都是"特权阶层"，其他员工感觉自己是"外人"，有贡献得不到认可，从而降低了工作的积极性，这对企业的管理和发展也是极其不利的。

家族企业初始阶段，其发展是迅速的，正面作用大于负面作用，这种管理是有效的。但是，一旦企业发展了，弊端就会暴露出来。家族成员往往会因利益分配上的纠纷而形成对立群体。

比如，四川希望集团，曾是中国最大的一个纯家族式私营企业。当企业发展到相当规模时，"爆发"了家族内部的革命，原企业一分为四，兄弟四人各立门户。再如，浙江十大发明企业家之一的祝强企业，在企业发展如日中天的时候"后院起火"，原任企业副总的妻舅，以资产分割为由，把祝强推上被告席。

历数一桩桩、一件件家族企业的兴衰，家族企业的管理者应该深深地感悟到：家族企业需要遵循杜拉克的原则，不能再任人唯亲，要任人唯贤。

一个家族企业，常常是在不到两代人的时间内，或者在企业尚未发展到中等规模之前，家族后人便往往由"创业型"转变为"受益型"。所以家族企业管理者一定要未雨绸缪，培养家族里精明强干的后人继续为该企业奋斗，而让其他的家族成员自主创业，仅作为企业的外部投资人。

尊重非正式的团队协作——自组织

在1911年，泰勒在《科学管理的原则》一书中提出：通过把工作程序细化成一系列简单的步骤，并测量、优化每个步骤，公司可以让工厂工人的效率大大提高。泰勒的科学方法是革命性的，与他同时代的公司中，那些迅速采用了他的观点，并把它们付诸实践的公司往往是成功的。

他认为，员工本质是不可预测、不可靠的。正如他在《科学管理的原则》中宣称的："每个员工的工作所包含的科学是如此之多，即使那些很适合做这种工作的工人也没有能力完全了解这些科学。"管理者怀疑工人能否充分了解自己工作，并能在正确的时间、用正确的方式做正确的事，因此这就需要一个新的雇员阶层来协调和指导他们的行为。几乎一夜之间，职业经理人在整个业界无处不在，他们通过工人的行为并对之进行评价，来对工人施加巨大的影响和控制。

等级制度仍然占据统治地位，这是妨碍新的精诚协作方式构筑的最大阻力。只有产生新的工人阶层——知识型员工，有着类似于蚂蚁一样的自组织能力，方可以满足消费者对服务和创新的新需求、新期待。

随着技术变革的速度不断加快，企业改革的速度也在加快。在当今世界很少有什么可以确定，除了以下这点：如果一个组织不能对变化以及变化带来的市场机会产生足够快的反应，那么它将与成功失之交臂。

可以理解的是，企业越来越多地需要借助于新的管理者和管理模式，来帮助企业跟上不断加速的变化。密歇根大学商学院教授C.K.帕莱哈拉德曾经为诸如花旗集团、柯达公司、甲骨文这样的公司做过咨询。他说："速度正在成为生存和发展的最重要的标准。这就需要尽可能让最接近业务的人作决策，并负有责任感。"

第03章
知人善用，给人才用武之地

在信息经济社会，员工是公司最重要的竞争优势。那些能迅速调整，并学会如何开发、利用每个员工（无论这些员工担任何种职位）的才能和技术的公司才会笑到最后。

遗憾的是，许多组织不能迅速对市场的急剧变化作出调整。因为它们发现自己被陈腐的等级和森严的管理制度束缚住了，那些被僵化的政策、程序所困，并对员工的巨大潜能视而不见的公司，只能丧失竞争力。

在这种情况下，建立精诚协作方式，显得刻不容缓。精诚合作的特征之一便是：尊重非正式的团队协作——自组织。

在美国，虽然有众多猎头公司，但很少有能与拉塞尔·雷诺兹公司相匹敌的。成立于1969年，总部设于纽约市的这家公司，拥有超过270名负责招聘的精英，在全世界有35家办事处。拉塞尔·雷诺兹公司专门为世界顶级公司招聘高层管理人员，这些公司包括ABC、美国职业橄榄球联盟、凯雷投资集团、联合技术公司，以及皇家安大略博物馆。

拉塞尔·雷诺兹公司的影响相当广泛，该公司的经营范围涵盖40多种行业和业务，包括互联网技术、媒体、膳食服务、医疗服务、金融服务、工业制造和销售。平均起来，拉塞尔·雷诺兹公司每年成功招聘3000人，其中40%的人被聘用为主席、行政总裁、首席运营官、首席金融官、首席信息官以及总监。他们所招聘的岗位超过50%都可拿到每年20多万美元的工资。

是什么使拉塞尔·雷诺兹公司持续发展并繁荣，并超过竞争对手呢？虽然该公司的成功有许多因素，但是该公司强调，非正式的团队协作——自组织，建立于坚定的个人责任和专长共享的基础上，这是至关重要的。通过强调、鼓励和奖励团队协作，拉塞尔·雷诺兹公司营造了一个独特的环境，在此环境里，员工努力互相帮助，竭尽所能地争取公司委托交办的工作。他们既相互独立，又相互联系，形成了一个充满生机的总体。

每周一的上午，在公司的每个办公室，拉塞尔·雷诺兹公司的员工都会开会讨论本星期的新任务，并打印、分发到每个人手中。这些会议能够产生促进并改善公司客户服务的新的想法、候选人和资源，同时让每名员工都得到寻求帮助的机会，以解决工作中的困难。大家通过分享有关要处理的工作信息，不管好还是不好，为公司能够得到最后的成功增加了可能性。

拉塞尔·雷诺兹公司还鼓励召开定期的电话会议和经常性的临时会议，以利于不断为员工创造信息和经验共享的机会。与团队里其他成员的这些互动，成效显著。拉塞尔·雷诺兹公司投资管理部的负责人理查德·拉那曼指出："有些最好的想法和最快的行动，其实是我的同事们聚到一起集思广益的结果。"

员工优势是公司最重要的竞争优势。团结而有力的员工团队是振兴和繁荣一个企业的核心，而企业要提升核心竞争力，管理者就要对自组织迅速作出调整，不要被陈腐的等级和森严的管理制度束缚住，被僵化的政策、程序所困，而对员工的巨大潜能视而不见。量体裁衣，因地制宜，积极开发、利用每个员工的才能和技术，以每个员工的鲜明个性来共建企业的鲜明共性。

知人善任，用其所长

美国著名管理学家彼特·杜拉克认为，有效的管理者面对人才从来不会这样问："他能跟我合得来吗？"而会问："他贡献了些什么？"也从来不问："他不能做些什么？"而是问："他能做些什么？"所以他们在用人时，用的都是在某"一"方面有所长的人，而不是在"各"方面都大致不差的人。

管理学有句名言："放错了位置的人才等于垃圾。只有无能的管理者，没有无用的人才。"但是管理者不能把"人皆有才"理解为每个人都具有同样的才能。人的才能不仅有大小高低之分，而且还具有"方向性"，各有各的才能。

象棋里用"棋子"的智慧与企业用人的艺术如出一辙，"将""帅"如同企业里的"一把手"居核心地位，"车""马""炮"就是企业里的建设人才，各具特色，各有功用。"士"与"象"毫无攻击力，属于防御型的角色，一般在企业里担当政治工作角色。

即便"车""马""炮"再如何神勇，如果"老将"不会合理运用，发挥其潜能，它们也就只能碌碌无为了。因此，领导者要善于挑选适合当"车"的人去做"车"，适合当"马"的人去做"马"，适合当"炮"的人去做"炮"……战国时期鲁仲连说，让猿猴离开树木跳到水中，当然不如鱼鳖；要论钻墙跳房，骏马不如狐狸；让勇士抛掉宝剑去拿锄头，必然不如农夫。他又说："不知人之短，不知人之长，不知人长中之短，不知人短中之长，则不可以用人，不可以教人。"这也说明了人才使用中扬长避短原则的必要性和重要性。

管理者也应该根据实际需要和人才特长，把有限的人才进行合理搭配，用到刀刃上去，做到"智者取其谋，愚者取其力，勇者取其威，怯者取其慎"；要做到展其所长，兼而用之，发挥出人才的群体效益。所以，管理者在用人时，既不能因为人有所短而忽略人之所长，也不能因为"似乎无所短"即认为必有所长。管理者用人应做到"知人善任、用人所长"。

"知人"是"善任"的前提条件，用好人才，必须首先做到"知人"。所谓"知人"，不仅应"知"人才的长处和短处，而且要"知"人才的过去和现在，更要"知"人才的将来。例如，有的人雄才大略，既有战略眼光，又有组织才能，可放在决策部门担任领导工作；有的人思想活跃，知识面广，综合能力强，既有真知灼见，又能秉公直言，可担任智囊参谋部的工作；有的人铁面无私，耿直公正，执法如山，联系群众，可从事监察工作；有的人社交能力强，适合于采购、推销部门；有的人语言表达能力强，宜放在宣传教育部门。

所谓"善任"，就是选拔人才加以任用时，要善于发挥人才的长处，克服其短处。要善于调动人才周围人员的积极性，要善于从各方面为人才充分发挥作用创造条件，要善于为人才的今后发展打下基础。用人最忌讳的是勉为其难。人有共性，也有个性，人有能力差异、性格差异、行为差异。用人所长，被用的人就可大显身手，领导效能也会事半功倍；用人所短，勉为其难，那实在是不明智之举。"用人如器，各取所长"，只要量才使用，人才必能各有其为。管理者在用人时要讲求人才群体结构的合理性、互补性、相容性，讲求用人的效益，要因事设人，不因人设事。"人多好办事"是小生产的观念，是与现代人才观相悖的。它必将导致机构臃肿，人浮于事，内耗丛生，工作效率低。

美国前总统罗斯福就是一个非常善于用人的总统，他于1933年上台以后，雷厉风行地推行大规模改良政策的"新政"，缓解了美国的经济危机，使美国经济走出困境。

在实施新政过程中，他针对当时美国严峻的局势，并不以政见取人，只要有助于恢复经济，无论是持有新思想、新主张的还是具有正统思想的，他都一概将他们吸收到内阁里，从而大大增强了政府的综合决策能力。

罗斯福组织内阁，对内阁成员的任命虽然不拘一格，可他任命的内阁成员在工作中都发挥了不可估量的作用。最有影响的一个是预算局长道格拉斯，他协助罗斯福实行节约政策，干得相当出色，以致罗斯福在就职一个月后就称他为"政府发现的用途很广的最大宝物"。因为道格拉斯把钱袋的绳子抓得很紧，很快他就得到一个美名，叫做"决一死战的预算平衡家"。特格韦尔这时是农业助理部长，可是他提的问题却不局限于农业问题。罗斯福还任命珀金斯小姐为劳工部长，妇女入阁在美国历史上是破天荒的事。珀金斯小姐向罗斯福举荐了出身寒微但有才干的霍普金斯。霍普金斯马上受到了重用,并在未来的岁月中成为罗斯福忠实、得力的助手。

值得注意的是,罗斯福的用人智慧完全是建立在"知人"的基础上的。可是现代许多企业在人才使用上却存在着误区:企业领导一般为了显示自己对人才的重视,一开始就授予这些人以很大的权力,并给予很高的福利待遇。

尽管这些做法在留住人才上会起到很大作用,但是,其消极作用也是很明显的:一是,很多人来到企业不是为了真正做事,而是看中企业在招聘时开出的职位或者待遇,缺乏对企业的认同感;二是,享受这些好处的人才会产生莫名的优越感,从而会形成一种不正常的心态,不利于形成踏实的工作作风;三是,下属不一定买账,从而不利于人才权威的树立和企业共同理念的形成;四是,由于缺乏经验或者对企业实际的了解,这些新进的人才难免会出现工作上的失误,通常这些工作失误对他们来说是毁灭性的,因为会使得企业管理者对他们的期望值下降。

企业管理者若想发挥人才真正的潜能,就必须向罗斯福学习做到"知人善任、用人所长"。能否做到"知人善任"可以从以下几个方面进行判断:

第一,任用此人是否符合人尽其才的原则,其担子是轻了还是重了?

第二,任用此人是否符合人才群体结构合理论的要求?

第三,此人对面前的工作困难,有无力量克服?困难来自何方?

第四,任用此人是发挥了其长处还是限制了其长处?

第五,此人在这个岗位上能否有所建树?发展趋势如何?等等。

通过反思,企业领导者可以自我检验"知人善任"的程度,或者可以发现用人不当之处。

只有充分做好人才的知人善任、用其所长的工作,才能发挥人才的潜能,为企业的发展贡献力量。否则,那些人只会成为拖企业后腿的庸才。

每个人都是有长处的，管理者要为下属发挥这些特长创造条件。管理者必须重视每个人的积极性，做到人尽其才，使每个人的各种特长都得以运用发挥。

管理要以人为本

杰克·韦尔奇在业界之所以闻名，因为他"生产"人才。在1998年1月4日的GE全球前500名经理人员大会上，杰克·韦尔奇透露他成功的重要秘诀之一时说：GE成功的最重要原因是用人。与很多CEO不同，杰克·韦尔奇把50%以上的工作时间花在人事上，他曾把自己的成功之道归结为10条，其中第一条就是"投资于人"。

虽然华尔街的分析家们或GE的投资者们认为，韦尔奇的最大贡献是在股市上造就了世界上最具价值的公司，但是韦尔奇本人却持不同的看法。他认为他最大的成就就是关心和培养人才。韦尔奇说："GE公司是由人才经营的。我最大的成就在于发现了这些人才，发现了一大批这样的人才。他们远比大多数首席执行官优秀。这些一流的人物看来在GE是如鱼得水了。"

韦尔奇认为，挑选最好的人才是管理者最重要的职责。他说："管理者的工作，就是每天把全世界各地最优秀的人才延揽过来。他们必须热爱自己的员工，拥抱自己的员工，激励自己的员工。"作为一个过来人，韦尔奇给公司管理者传授的用人秘诀是他自创的"活力曲线"：一个组织中，必有20%的人是最好的，70%的人是中间状态的，10%的人是最差的。这是一个动态的曲线，即每个部分所包含的具体人一定是不断变化的。但一个合格的管理者，必须随时掌握那20%和10%里边的人的姓名和职位，以便作出准确的奖惩措施。最好的应该马上得到激励或升迁，最差的就必须马上走人。

第03章
知人善用，给人才用武之地

韦尔奇说，如果真有什么通用电气管理手册的话，那就是"笃信伟人成就伟大的公司"。挑选优秀人才组建人力资源部，让人力资源部成为公司运营的一个组成部分，而不是让他们做一些轻松的工作或是厂区新闻，应该让他们成为弹性工作制的经理。韦尔奇担任首席执行官期间，更多的时间是与人力资源部高管而不是与首席财务官在一起。

杰克·韦尔奇至少能叫出1000名通用电气高级管理人员的名字，知道他们的职责，知道他们在做什么。这对一名雇员来说是莫大的鼓舞。韦尔奇自己曾说，"我们所能做的是把赌注押在我们所选择的人身上。因此，我的全部工作就是选择适当的人。"杰克·韦尔奇亲自接见所有申请担任通用电气500个高级职位的人。他坚信对他们有足够的了解才能信任他们。

尽管很多公司都声称以能人经营公司，但是在现实中，它们往往注重等级和学历。然而，在通用，很多最成功的经理，如韦尔奇，都是家族中第一个获得大学学位的。他们极少吹嘘常青藤院校的学历。通用的人才选拔不注重学历和资历。比如，在决定一个有约7800名财务人员要向其汇报工作的关键职务的人选时，韦尔奇跳过了其他几名候选人而选择了39岁的丹尼斯·达梅尔曼。丹尼斯当时的职务比该职位要低两个级别。他中选的原因在于他处理其他棘手任务的能力给韦尔奇印象很深刻。韦尔奇坚持认为："关键在于你能干什么。"

自1981年韦尔奇走马上任通用的首席执行官以来，这一信念在公司内部得到了不断的强调。韦尔奇对人的表现能力的关注在公司每年于4月开始一直持续到5月的会议上得到充分的体现。同他的3名高级经理一道，韦尔奇前往通用的12个业务部门现场评审公司3000名高级经理的工作进展，对最高层的500名主管则进行更严格的审查。

会议评审通常在早上8点开始，在晚上10点结束。业务部门的首席执行官及其高级人力资源部经理参加评审。这种紧张的评审逼迫着这些部门的经营者识别出未来的管理者，制定出所有关键职务的继任计划，决定哪些有潜质的经理应送到克罗顿（通用的培训中心）接受领导才能培训。

在一整天里，韦尔奇要开诚布公地对那些即将提交的晋升、任务和继任计划进行挑战。韦尔奇说："你选你中意的人，如果我有不同看法，我会提出来，但是我最终会说：'这是你的权力。你要选他？你可以要他，但是这是我对他的看法。'如果我是对的，他们会采取行动。如果他们是对的，愿上帝保佑他们。"

韦尔奇希望每一位潜在管理者具有下列特点：能量巨大、善于激励他人、天生富有竞争性和表现这些品质的技巧。GE 的董事格特鲁德·米切尔森说："他不会乐意跟傻瓜打交道的，他可没太多的耐心来容忍那些庸庸碌碌者。"

韦尔奇说："我不懂如何制造飞机引擎，我也不知道在 NBC 应播放什么节目。我们在英国有项有争议的保险业务，我不想做那项业务，但是那个给我提建议的人想干，我相信他，我相信他能干好。"在世界最令人钦佩的公司中，很少有哪家公司的老板能这样做。

松下幸之助也认为，一个人的能力是有限的，如果只靠一个人的智慧指挥一切，即使一时取得惊人的进展，也肯定会有行不通的一天。

因此，松下电器公司不是仅仅依靠经理经营，不是仅仅依靠干部经营，也不是仅仅依靠管理监督者经营，而是依靠全体职工的智慧经营。松下幸之助以"集中智慧的全员经营"作为公司的经营方针。

为此，公司努力培养人才，加强职工的教育训练。公司根据长期人才培养计划，开设各种综合性的系统的研修、教育讲座。

公司有关西地区职工研修所、奈良职工研修所、东京职工研修所、宇都宫职工研修所和海外研修所等五个研修所。

由此可以看出，松下之所以取得如此巨大的成就，除特定的历史条件和社会环境外,他的经营思想的精华——"人才思想"奠定了他事业成功的基础。松下先生说,"事业的成败取决于人","没有人就没有企业",松下电器公司既是"制造电器用品"的公司,又是"造就人才"的公司。

松下认为,人才的鉴别,不能单凭外表,人才效应不能急功近利,管理者不能操之过急。如何去获得人才,或许有些人认为要靠运气或缘分。但事实证明,人才是要去寻求的。必须常常有求才若渴的心,人才才会源源而至。

松下认为,吸引人们来求职的手段,不是靠高薪,而是靠企业所树立的经营形象。所有中、小企业的烦恼,在于不易吸收人才,甚至于大企业也有同样的隐忧。就日本来说,大都缺乏劳动人口,但是,初中或高中毕业后就做事的人有好几万。因此,如果有意录用,就不可能找不到人,但如想雇用合适的人才,就必须使你的企业有吸引人的魅力。唯有培养这种吸引人的魅力,才能逐渐地争取到所需要的人才。

松下认为,争取人才最好不要去挖墙脚。被挖来的人不一定全部是优秀的人,当然,可依赖的人的确不少,可是还是有些不可靠的,所以还是不做的好。

如果碰到有想要从事新的工作的人,只要这个人的人品好,就可以让他去学习,不必非要用有经验的人。

松下认为人员的雇用,以适用公司的程度为好。程度过高不见得一定有用,而且有些人会说:"在这种烂公司真倒霉。"如果换成一个普通程度的人,他会感激地说"这个公司蛮不错的",而尽心地为公司工作。

"适当"这两个字是很要紧的,适当的公司,适当的企业,招募适当的人才,如果认真求才,虽然不能达到100%,但70%大概不成问题。达到70%,有时候反而会觉得更好。所以,程度过高,不见得就合用,只要人品好、肯苦干,技术和经验是可以学到的,即所谓"劳动成果＝能力×热忱(干劲)"。

提拔年轻人时，不可只提升他的职位，还应该给予支持，帮他建立威信。不过，提拔人才时最重要的一点是，绝不可有私心，必须完全以这个人是否适合那份工作为依据。松下认为，树立了这种提拔风气，有利于青年的成长，会带动整个公司各个方面的进步。

松下要年轻的职员这样回答顾客提出"松下电器公司是制造什么的"问题，说"松下电器公司是制造人才的地方，兼而制造电气器具"。松下的心愿是这样的：事业是人为的，而人才则可遇而不可求，培养人才就是当务之急。如果不培养人才，事业成功也就没有希望。

企业的兴衰、事业的成败取决于人才。所以说，一个企业在事业上所取得的成功，无不是其人才战略的成功。这个企业要想巩固已取得的成果，并在更高的起点上有所作为，仍有赖于它坚持不懈地实施其行之有效的人才战略。而要实施好人才战略，首要的就是必须在这一企业的管理者头脑中有牢固的以人才为本、关心和培养人才的理念。

执行"精简高效"不容拖沓

有一天，梭鱼把泥鳅逼到无处可逃的角落里，捉住了。泥鳅一见大事不好，就说："您呀，亲爱的大娘，忏悔了没有？"

"没有。"

"那么，我先替您忏悔，然后您再吃我好了。"

梭鱼问："你预备在哪儿给我忏悔呢？"

"那边有座教堂。"

梭鱼信了泥鳅的话，两个一起上教堂。泥鳅把梭鱼领到鱼笼前，说："您随我进来。"

它们钻进了鱼笼，梭鱼长得大，没法后退，可是对泥鳅来说呢，这个鱼笼里真像有十七扇门，它飞快地钻了出去，还绕着鱼笼游了一圈，对梭鱼说:"在那儿呆着吧,虔诚的女信徒,等渔人神父来吧!"

泥鳅面对梭鱼的威胁,敢于行动,引领梭鱼进入鱼笼,自己乘机逃脱,这是它最好的逃险方法,也是它真正的"精简高效"。梭鱼再气怒也无济于事。

在企业管理中,管理者多学学泥鳅的方法,企业要避免危机,要逃脱危险,就应该"精简高效",而且一定要在行动上下狠斧。动手要果断快速,绝不能拖拉,拖拉就失去了效益,也就失去了抢救的时间。减裁员工臃肿是一种方法,但一定要下狠斧,有时应做到无情。人之间的感情是原则问题的绊脚石,企业管理者一定要把绊脚石踢开。对生产线的改造也要下狠斧,要引进先进的技术,不能抱残守缺,永不放弃。应制定一系列的完善的代理方式,以利于新产品上市的快速运转流通。

吉德拉即是利用了他的果断实现了精简高效。1899年,乔瓦尼·阿涅利与他人联手创办了一家汽车公司。1906年,阿涅利将公司定名为意大利都灵汽车制造厂,后来改制为股份公司。F.I.A.T.(中文音译——菲亚特),既是公司名称的缩写,又是产品的商标名称。

1949年,阿涅利的孙子贾尼·阿涅利被指定为菲亚特公司副董事长。1966年,他被正式推举为菲亚特公司的董事长。在阿涅利的领导下,菲亚特公司发展迅速,旗下的菲亚特汽车公司成为意大利最大的汽车制造企业,也是世界最大的汽车公司之一。

但是,在20世纪70年代前期的几年间,国际汽车市场疲软,在意大利本国工资升高、物价上涨的情况冲击下,再加上公司内部出现了管理问题,菲亚特汽车公司经历了历史上最不堪回首的日子,公司连年亏损,在世界汽车生产商的排名榜接连下跌。此时,菲亚特集团的决策层中有不少人力主甩掉汽车公司这个沉重的大包袱。消息传出后,菲亚特汽车公司上下一片恐慌,都不知哪一天公司就会被卖掉或是解散。

1979年,阿涅利任命47岁的维托雷·吉德拉出任菲亚特汽车公司总经理。

吉德拉能给员工们的心神不定带来什么呢？

吉德拉看起来没有什么办法。他总是带着微笑与大家在一起交谈、访问。他询问的问题倒是不少。

不久，吉德拉的小本子上已经记满了最后一页。一天，他合上笔记本，召开了公司管理人员会议。

"诸位，近年来我们公司每况愈下，似乎要从欧洲汽车生产商的序列中消失了！对此，我作为一名老菲亚特人，深感痛心！今天，请大家思考，菲亚特的问题在哪里？"

一片沉默。

吉德拉随即宣布："散会。"

众人神情严肃地离开了会议室。

看着大家的背影，吉德拉满意地笑了。看来，他的计划已成功了一半：他相信今天的会议已经调动起了大家的情绪，首先是高层管理人员的斗志，别看大家默不作声，实际上都已经开动脑筋了。这样，才能为下一步的计划铺平道路。

几天后，吉德拉又召开了公司管理人员的第二次全体会议。这一次，他没有马上宣布散会，而是举起了他的"三板斧"："我们要大幅度地进行机构调整，大家要有足够的心理准备和承受能力。"吉德拉严肃地说，"菲亚特汽车公司机构重叠，效率低下，是导致企业缺乏活力的重要原因。"吉德拉动手果断，很快，他关闭了国内的几家汽车分厂，淘汰冗员。职工总数一下子减少了1/3，由15万人降至10万人。这次机构改革的另一个重点是对菲亚特汽车公司的海外分支机构的调整。这些海外机构数量众多，但绝大部分效率低下，所需费用却很庞大，经常是入不敷出，成为公司的沉重包袱。吉德拉毫不犹豫地撤掉了一些海外机构。他停止在北美销售汽车，还砍掉了设在南非的分厂和设在南美的大多数经营机构。

吉德拉的"精简高效"遇到了强大的阻力。菲亚特汽车公司的员工人数在意大利首屈一指，被称为"解决就业的典范"，这次裁减人员的数量如此巨大，自然引起各方议论。但吉德拉丝毫不为所动，坚定地完成了计划。

吉德拉的"第二斧"是对生产线的改造。吉德拉通过在工厂的实地调查，认为公司技术落后、生产效率低下是造成它陷入困境的重要原因之一。吉德拉大量采用新工艺、新技术，利用计算机和机器人来设计和制造汽车。正是根据计算机的分析，使汽车的部件设计和性能得到充分改进，使其更为科学和合理化，劳动效率也随之提高。

新工艺、新技术的采用带来的另一个结果是公司的汽车品种和型号大大增加，更新换代的速度大大加快，这就增强了菲亚特汽车的市场竞争能力。

吉德拉的"第三斧"是对汽车销售机制的改革。过去菲亚特汽车的经销商不需垫付任何资金，而且在销售出汽车后，也不及时将货款返回菲亚特，而是占压挪作他用。这使得菲亚特的资金周转速度缓慢，加重了公司的困难。

吉德拉对此作出了一项新的规定：凡经销菲亚特汽车，必须在出售汽车前就支付汽车货款，否则不予供货。此举引起了汽车经销商的强烈反对，但吉德拉始终坚持己见。结果有 1/3 的菲亚特汽车经销商被淘汰出局，其余的都接受了这一新规定，这大大提高了菲亚特汽车公司的资金回笼速度，减轻了公司的财政困难。

在吉德拉的主持下，菲亚特汽车公司通过一系列改革，成效显著，重新焕发了活力。

管理者精简机构，可以激发人们对工作的紧迫感，提高工效。因为人才常常是在工作多而人员少的地方冒出来的。每个人只有把自己的工作担子加重，干着超过自己能力的工作，才能在经受困难的折磨后造就人才。

组织机构对于企业来说，就是身材和衣服的关系。身材瘦小，却穿了一件肥硕的衣服，怎么看怎么别扭，而且还影响行动。因此企业需要对机构进行撤销归并，组建适合企业发展的健康的组织机构，适当地精简结构，划分好企业各个阶层的职责，再据此配备职员，挑选胜任的员工，以提高组织机构效率。

不拘一格用人才

要做到求才若渴，必定要视野开阔，广泛察人、选人、用人。证明一个管理者会用人的表现，就是他能否用人不拘一格，千变万化，因人而用。反之，证明一个管理者不会用人的表现，就是他用人拘于一格，没有什么变化，死气沉沉。

近代诗人龚自珍云："我劝天公重抖擞，不拘一格降人才。"可是，如果管理者用人拘于一格，老天"不拘一格降人才"又有什么用呢？

高明的管理者尤其要善于使用冒尖的人才或天才。有人说，"人才源于胆量"，是有一定道理的。假如大胆地相信下属，可能就会成为大才；反之，就会泯灭一个人才的出现。

世俗认为"出头椽子先烂"，"枪打出头鸟"，"人怕出名猪怕壮"，所以，一般人才的下场都很不好。但是要成就大业就必须大胆使用人才。用人的成功，在很大程度上取决于管理者是否树立了鼓励冒尖的良好风气。

人生，不可能永远顺风顺水，有时候，成绩也不全是实力的反映，不过看你能否选准人才，就要看你的修养和心态如何。如果你选择了不拘一格用人才，那么，更大的荣耀就在你前进的不远处。

事实上，拘于一格，不敢大胆用人、灵活用人的管理者比比皆是。他们的做法，往往使得人才无法冒尖、无法尽其所能，间接地使企业失去生机，失去竞争力。造成这种后果的管理者，实乃罪者！

要想避免失败，避免成为企业衰退的罪人，管理者必须放弃保守的观念，大胆用人、灵活用人、不拘一格地用人。

人才从来都是培养而成的，对他们应当放手使用，使之冲上云霄，战风斗雨。对立下大功的人不要寻求其细小的毛病，对忠心耿耿的人不要找其细微的过错。提升得快慢，不要仅凭一个依据，如果其才能可以使用，就要不限资历，越级提拔。

及时起用，不可拖延。及时起用成绩突出的冒尖人才，尽快把他们提拔到关键性的工作岗位上，造成既成的事实，使热衷于造谣中伤的小人企图落空，自感没趣，只得偃旗息鼓，草草收兵。大胆使用，不可怯弱。有胆识的管理者就应该意识到，人才最需要得到管理者的有力支援，有正义感的管理者要及时对人才以最有力的鼓励和支持，选择一个适当的场合，向全体职工宣传人才的作用。

对于少数躲在人群中散布流言蜚语的人，管理者只要一经发现，就应该不留情面，立即对他进行严肃的批评教育，迫使他及时中止对先进人物的诋毁行为。在精神上和物质上给天才以适度的鼓励，不仅有利于鼓舞少数天才的斗志，激励他们更快地成长，并且也在公众面前树立起一批具有说服力和示范作用的榜样。

身为管理者，要想成功，非这样做不可！因此，所谓"不拘一格"的关键是要企业管理者冲破陈旧观念的条条框框，融入现代企业"寓杂多于统一"的最高用人原则，力戒排斥异己、唯亲是用，而应该以企业利益为重，因事设人，因才而用。

● 第 04 章 ●

职责明确,实现团队高效协作

管得好的企业都是单调乏味的

企业管理是科学的东西,讲究的是责任明确,各负其责,它必须要面向绩效和结果负责。没有效率和绩效的企业,不可能造就持续性的成功。企业管理需要的是扎扎实实地做好工作。企业生存需要的不是多少英勇事迹,而是靠一点一滴地下功夫。

那些激动人心的英雄事迹往往是管理的缺陷造就的。如果细化管理,严格执行,就不会需要英雄。那些轰轰烈烈的表彰大会,即使作为精神奖励,也会造成负面影响,比如说:年终评先进,被评上先进的毕竟是个别人,却总是闹得一大批人心理不平衡,以至后来的工作不再努力,这样鼓励的结果往往负面影响大。

杜拉克认为,"没有安全就没有效益,没有效益就没有稳定"。管得好的企业,员工就会严格按照要求去做,不会因为麻痹大意造成事故。下面这件事就是因为企业管理松散造成的严重后果。

2003年12月23日21时57分,重庆开县高桥镇罗家寨,发生了在国内乃至世界气井井喷史上罕见的特大井喷事故。这次事故中累计2.6万多人因硫化氢中毒,其中有243人死于硫化氢中毒,6.5万多人被紧急疏散撤离,造成直接经济损失9200多万元。

事故责任调查结果表明,定向井服务中心工程师、罗家16H井现场负责人王建东,没有严格执行相关规章制度,违章卸下了原钻具组合中的回压阀,否则井喷事故就不会发生;钻井队井控管理人员宋涛如果能坚持原则,不违章执行王建东卸下回压阀的决定,就不会埋下事故隐患;钻井队队长、井队井控工作第一责任人吴斌如果对一系列违规行为监督到位,在发现违规拆卸回压阀的情况后能够及时采取纠正措施,这一重大隐患也能得以及时控制和消除;钻井12队副司钻向一明如果严格执行操作规程,在起钻中及时灌注钻井液，井下液柱压力就不会下降进而导致事故发生；录井工肖先素如果能够在发现向一明严重违章操作后及时报告，还能够在最后时刻对这一重大安全隐患进行补救；分管安全工作的川东钻探公司副经理、总工程师吴华如果能够正确认识当时情况，不做对有毒气体尽快实施点火燃烧的决定，这次事故也就不会进一步恶化。

杜拉克说过，"一份工作所需要的资源与工作本身并没有太大的关系，一件事情被膨胀出来的重要性和复杂性，与完成这件事所耗费的资源成正比。"也就是说，一件事情由于管理不善造成资源的额外付出是很难估量的。

杜拉克之所以说"管理得好的企业，总是单调乏味的，没有任何激动人心的事件发生"，是因为管理得好的企业用不着表面上轰轰烈烈的誓师大会，"无志之人常立志"，那些"心中无数决心大"的誓师大会对于提高管理的有效性并没有任何本质上的帮助。那些在突发事件中表现英勇的人和事，的确激动人心，但企业需要的不是英雄人物，也不表现在对他们大张旗鼓的表彰上，而是要扎扎实实建立避免发生这类突发事件的机制。管得好的企业没有突发的意外事件，因此就不会有英雄人物的出现。

企业管理是一种平静的、连续性的工作，可以这样比喻管理，它就像一条细小而不枯竭的河流，虽不汹涌澎湃，但却源远流长。企业管理本来就是枯燥乏味的，企业的战略执行、产品质量、市场销售等工作，都是以日复一日、年复一年的日常形态而存在，假如这些管理工作只在本月轰轰烈烈的运动中有效，而下一个月却因为被忽视而失效，不能够成为持续性的日常形态，那么，管理就会成为断续的、杂乱的管理，企业就不会实现长远的目标。

群策群力方能成功

杰克·韦尔奇说:"让每一位员工全身心投入到工作中来是 CEO 最主要的工作。把每个人最好的想法拿出来,放在其他人中间交流,这就是秘诀。没有什么比这一点更重要了。"

群策群力的理念是韦尔奇 1988 年 9 月逗留在位于纽约的克劳顿维尔期间首次提出的。那天在座的是来自公司各个层次的管理人员。

对韦尔奇来说,那天真是令人沮丧。听众们频频向他发问,其中有不少问题是他几年来多次听到的。其中有些询问更是使这位通用电气老板大为发火:以前就曾提出的问题居然还未由进修回去的经理人员加以解决,甚至还显出进一步恶化的迹象。

为什么那些出现问题的部门内部上下级之间不进行对话交流呢?令韦尔奇感到失望的是:尽管他已经竭尽全力地进行变革,公司内部仍然存在着根深蒂固的等级制度——老板只与他所直接领导的高级经理对话;同样,高级经理只对其下层的低级经理对话;而只有低级经理才会与其下层雇员对话。尤为严峻的问题是:基层雇员的职责只是工作,而不能向上级提出他们自己的改进工作的意见。

对此韦尔奇认为,通过激发基层雇员的潜能和工作激情,同时要求老板回去回答问题,而不仅仅是发号施令,也许有可能结束这种顽固不化的传达命令的等级链条。从而使员工和经理们同舟共济,推动并完成杰克·韦尔奇的公司变革。韦尔奇决定发动一场遍及全公司范围的行动,即"群策群力"计划,鼓励员工就公司业务中存在的弊端,坦率地向上级主管提出自己的看法。

"群策群力"实质上是疏通内部意见的程序,其宗旨是使包括最高经营者在内的全体职工通过集体住宿训练,提出各自的困难,集思广益,寻求共同的解决意见。最终的目的是让各部门的各级成员都能直接参与确定公司目标、决策及成果。

特别值得一提的是，建立在"让每一个人参与竞争"基础上的"群策群力"，它是通用电气公司发动全体职工动脑筋、想办法、提出合理化建议以改进工作效率的一种活动。这种活动体现着通用电气公司内部经营战略的精神，以至于有人把它视为是通用电气公司"管理革命的象征"。

韦尔奇坚持要求通用电气各个部门的管理者采取一项举措——倾听员工们的意见，向员工们学习。韦尔奇认为，提倡由员工更多地参与公司事务的决策，员工们变得更加尽责，他们会被视为公司不可或缺的一部分。

"群策群力"讨论会不仅给公司带来了明显的经济效益，而且能让职工广泛参与管理，感受运用权力的滋味，从而大大提高了职工的工作热情。

1987年，通用电气公司制造一台燃烧式喷气发动机上的关键部件，原计划完成制造需要30周。通过开展"群策群力"活动，1991年年初，这一产品的生产周期缩短到8周，后来只需4周。负责制造加工的员工们还商讨10天内完成任务的可能性。

"群策群力"讨论会已成为通用电气公司一种日常性的活动，随时都可以根据需要举行，参与人员也从职工扩大到顾客、用户和供应商。

"群策群力"活动把本来毫不相干的人们聚集到一起，他们平时在工作中很少有机会接触，现在却可以在这项活动中相互交谈并相互信任。这些会场很快就变成了打靶场，靶子就是令人厌恶的官僚主义的具体表现形式——一项小小的申请需要10个人签字，毫无意义的案头工作，多余的工作惯例，以及盲目自大。这些东西绝大部分当场就被废除或改良，而不是"再研究研究"。

在这种工作经历中，公司的言行一致，员工的信任感在这个过程中不断增长，智慧的火花不断迸发。过去只被要求贡献时间和双手的人们现在感到他们的头脑和观点也开始备受重视了。在听取他们想法的过程中，每个人都更加清楚地认识到，越是接近于具体工作的人就越是看得透彻。

因而，韦尔奇说："90年代期间，我们通用电气公司具有创造一种公司气氛的根本性的机会。在这种公司气氛下，毫无保留地发表意见在文化上是可以接受的，讲真话受到奖赏，而对下属一味喊叫的上司们则不会受到奖赏。"

也正是这种"群策群力"活动，推动着公司的高级管理者必须更多地去放权，更多地去行动，更多地去听取意见。他们必须信任别人，也必须被别人所信任。管理层确实有作出最终决策的责任，但同时还拥有同样的责任来使人相信，特别是使提出建议的人相信这些决策是合乎理性的。领袖所作出的决策应该为部下所理解并具有强大的感召力。虽然这并不十分容易，但却是通用电气公司在20世纪90年代所致力于促进的。

渴求经营思路和创意的韦尔奇拥有一个重要的智慧源泉——他们自己的员工。他深知，运用专业的调查技巧可以使他通过一定比例的员工进行大规模的调研，对每一年度员工们的意见和建议仔细研究。在韦尔奇眼里，员工们是智慧的，他深信，员工们是公司完善经营和发展业务的基石。迪斯尼·包威斯公司的成功也说明了这一点。

迪斯尼·包威斯公司，是一家拥有12000余名员工的大公司，它早在20年前就认识到员工意见沟通的重要性，并且不断地加以实践。现在，公司的员工意见沟通系统已经相当成熟和完善。特别是在上世纪80年代，面临全球性的经济不景气，这一系统对提高公司劳动生产率发挥了巨大的作用。

早在20年前，迪斯尼·包威斯公司就开始试行员工协调会议，员工协调会议是每月举行一次的公开讨论会。在会议上，管理人员和员工共聚一堂，商讨一些彼此关心的问题。无论在公司的总部、各部门、各基层组织都举行协调会议。这看起来像法院结构，从地方到中央，逐渐反映上去，以公司总部的首席代表协会会议为最高机构。员工协调会议是标准的双向意见沟通系统。

在开会之前，员工可事先将建议或怨言反映给参加会议的员工代表，代表们将在协调会议上把意见转达给管理部门，管理部门也可以利用这个机会，同时将公司政策和计划讲解给代表们听，相互之间进行广泛的讨论。

要将迪斯尼12000多名职工的意见充分沟通，就必须将协调会议分成若干层次。实际上，公司内共有90多个这类组织。如果有问题在基层协调会议上解决不了将逐级反映上去，直到有满意的答复为止。事关公司的总政策，那一定要在首席代表会议上才能决定。总部高级管理人员认为意见可行，就立即采取行动，认为意见不可行，也得把不可行的理由向大家解释。员工协调会议的开会时间没有硬性规定，一般都是一周前在公告牌上通知。为保证员工意见能迅速逐级反映上去，基层员工协调会议应先开。同时，迪斯尼公司也鼓励员工参与另一种形式的意见沟通。公司在四处安装了许多意见箱，员工可以随时将自己的问题或意见投到意见箱里。

为了配合这一计划实行，公司还特别制定了一项奖励规定，凡是员工意见经采纳后，产生了显著效果的，公司将给予优厚的奖励。令人欣慰的是，公司从这些意见箱里获得了许多宝贵的建议。如果员工对这种间接的意见沟通方式不满意，还可以用更直接的方式来面对面和管理人员交换意见。

对员工来说，迪斯尼公司主管汇报、员工大会的性质，和每年的股东财务报告、股东大会相类似。公司员工每人可以接到一份详细的公司年终报告。这份主管汇报有20多页，包括公司发展情况、财务报表分析、员工福利改善、公司面临的挑战以及对协调会议所提出的主要问题的解答等。公司各部门接到主管汇报后，就开始召开员工大会。

员工大会都是利用上班时间召开的，每次人数不超过250人，时间大约3小时，大多在规模比较大的部门里召开，由总公司委派代表主持会议，各部门负责人参加。会议先由主席报告公司的财力状况和员工的薪金、福利、分红等与员工有切身关系的问题，然后便开始问答式的讨论。

迪斯尼公司员工意见沟通系统的效果究竟如何呢？在上世纪80年代全球经济衰退中，迪斯尼公司的生产率每年平均以10%以上的速度递增。公司员工的缺勤率低于3%，流动率低于12%，在同行业中最低。许多公司经常向迪斯尼公司要一些有关意见沟通系统的资料，以作参考。

企业界有这样的名言：如果两个事业伙伴在每一件事情上都持相同的意见，那么有一个是不必要存在的。能够接受不同意见或是愿意提出和别人不同的看法，讨论出更好的结果，都是值得拥有的管理者品质。一个好的企业管理者应该做到民主管理，善于听取不同的意见和心声。只有这样才可以避免经营决策的失误和将自己孤立起来。

管理中应该发扬民主的作风，广开言路。每个人都有自己独特的成长经历，他们对问题的看法就会有不同于他人的观点，何况事物本身也是因人而异的，就像古人云"横看成岭侧成峰，远近高低各不同"。广泛听取不同的意见，就会对状况有个全面的了解。堵塞言路，就会造成"不知庐山真面目，只缘身在'自我'中"。

管管你的上司

"金无足赤，人无完人。"大多数上司同我们每个人一样，不可能无所不知、无所不能。那么知道上司的优点和缺点，了解他有哪些目标和压力一类的事情就尤为重要。

没有完全一样的人，上司有不同的类型，作为下属应根据上司的不同特点制定不同的策略。如果遇到对别人缺乏信任感、凡事喜欢亲力亲为的上司时，就要凡事先跟他多沟通，避免发生误会，还要严格信守自己的承诺；假如遇到能力不足或缺乏自信心的上司，那就不要在公开场合指出上司的失误或不足之处，还要适当地帮助并推动上司发挥自身特长；若是面对过分自信、不讲道理的上司，则要抱着学习的态度，放大上司的优点，认真倾听他的炫耀，并作出适当的让步，将自己的表现度降到最低，采取温和的谈话方式与其沟通；要是碰到气量小、脾气暴躁的上司时，做下属的最好事无巨细都坦白交代，正确看待上司的缺点并放大其优点，隐藏自己的锋芒，消除其嫉妒心理，适当地低头。

对待上司不仅仅有这些，还要与上司分忧。诸如：对上司遗忘的事或一时没想到的事，以恰当的方式提出来；上司面对繁重工作或陷入困境时主动为他分忧；按照上司的工作时间安排自己的工作时间，让他的时间得到充分合理的利用；与上司建立亲密的关系以赢得信赖，但又要保持一定的距离，不该知道的事就不要知道；对上司要恰当地赞美，千万不可过分地恭维。

说是管理上司，实际上是运用智慧让上司做事尽可能达到自己的正确意愿。上司是不同的，所以具体的"管理方式"也不会相同。在一般情况下，无可救药的上司是不多见的，而我们也不可能随意选择上司，所以要谨记：老板总是对的，如果老板错了，归根结底还是自己的错。这不是让你无条件服从，因为这只有两种可能：一是你没能找到恰当的方式让老板采取你的建议去做对的事情，当然是你的错！再则就是你真遇到了一个无可救药的老板，但你还不炒他鱿鱼，当然还是你的错！

杜拉克说："管理者不是按照他是否有手下来分，而是看他是否能负责行动和决策而又有助于提高机构工作效能。"因此说在现代企业里，管理者不一定是"官"，包括任何人在内，都有可能成为有效管理者。但作为一个有效的管理者，你又该如何管理呢？管理的方法太多了，这里只说一种特殊的管理：管理你的上司。

在传统的组织管理结构中，人们往往只习惯了对下属的管理，而杜拉克则认为："一个'管理者'往往'管理'的不是自己的手下，而是其他部门的人，甚至自己的上司。"绝大部分的经理人认为兢兢业业地管理好自己，做好本职工作就足够了，殊不知如果管理好自己的上司就会有更大的升迁机会，而且往往更能事半功倍。

有些经理人觉得上司没必要依赖自己，上司也是人，是人就难免会犯错；也有些经理人会觉得自己的其他职责就够自己忙的了，除此之外还得花时间和精力来管理同上司的关系，实在是有点太费事。针对这种想法，杜拉克说："管理上司是下属的责任和成为卓有成效的经理人的关键。"因为管好与上司的关系可以消除潜在的严重问题，从而简化他们的工作。毕竟，能否在公司里作出好的成绩，这个责任最终还得由自己来担，而不能推给他人。所以要做一位高效的经理人就必须认识到这一点的重要性。既然上司是必须管的，那么如何管呢？杜拉克指出："我们该知道运用自己上司的长处，这也正是下属工作卓有成效的关键。"上司毕竟是上司，对他的管理就肯定和对下属的管理不一样，你要以正确的方式提醒或阻止上司犯错，而不是等到上司错了你再去管。要处理这层关系就一定需要做到以下两点：

第一，深入了解老板的优点、弱点、性格、爱好、工作风格和各方面的需求，然后结合上司的特点充分发挥上司的长处；

第二，根据这些信息建立一种健康的工作关系——这种关系要同时适应两个人的工作风格和特性，照顾到双方相互的期望，还要能满足对方最关键的需求。

"管理你的上司"，换句话说是为了给上司、自己以及整个公司都争取最好的结果而有意识地与上级合作，实际就是与上司做好沟通。

某公司准备扩大业务，老板制定了销售额增加30亿元的指标，然后安排人力资源部门经理去人才市场聘5名销售经理。人事经理心里清楚，对于这样大一个量的增长，只聘5位销售经理是不够的。于是他就给老板分析：过去的业绩有 64 亿元，光销售经理就有 16 个，近几年的销售业绩增长率是 5%，按照这样计算，老员工的销售额将会达 67.2 亿元，如果招聘 5 个销售经理，销售额会达到 88.02 亿元，如果希望达到增加 30 亿元的指标，就需要新增 7 个销售经理，因为他们业务不够熟悉，所以，要给他们留下一点余地。

另外，人力资源部门经理又告诉老板：招聘一个优秀的销售经理需要 8000～10000 元的月薪，而一般的销售经理月薪 3000～5000 元，不过他们工作的业绩也绝对不会一样。至于聘用什么样的销售经理需要根据企业在行业内所处的地位及发展阶段等情况来决定，以自己公司的现状，则需要聘请优秀的销售经理。结果经理听从了他的建议。

作为员工，我们要站在公司的立场，有必要在各方面为他把关，提出合理化的建议，该坚持的就要坚持，不要唯老板是从，这对公司和个人都很重要。但管理上司需要有过硬的专业知识，从专业的角度出发，有理有据，这样才能说服领导听从你的建议，避免他一拍脑门就做决定。

可管理老板确实是很难操作的事。既要让老板明白，你之所以提出不同意见，完全是为了公司好，你们的立场一致，并不是针对他个人，又要顾全上司的颜面，无损上司的权威。你一定要让老板明白你的想法纯粹是就事论事，你的目的不是大放厥词挑战权威，只是为了把事情做得更好。假如老板明白你确实是为了公司的利益，那么他对你的接受度就比较高。

与上司做好沟通不等于对上司一味地巴结逢迎，对上司不合理的要求也要拒绝，但千万要有一个合适的方法。

刘星几年前在香港一家外企上班。有次总部换了一任新的外国上司，听别人说这个上司很"花"，每次来香港都得带他去享受多彩多姿的夜生活。虽然不是工作，但上司又不能得罪，偏偏刘星并不喜欢这种事，怎么办呢？经过苦思冥想，刘星终于在这位新上司第一次来访之前想好了应对之策。

下班后，刘星先带上司共进丰盛的晚餐。酒足饭饱后，他不等上司开口就说："九龙有一个最精彩而有情趣的地方，还是一个二十四小时营业的不夜城。"上司的眼中立刻现出光芒，买单之后赶紧搭上出租车，两人直奔那神秘的地方。当上司进门之后，他脸上满是惊异的表情，因为那是一家昼夜营业的书店。但是他很快就随遇而安，而且还高高兴兴地选了两本书，然后再叫车送他回酒店。这位上司和刘星在工作上也配合得很顺利，直到后来他已经不是刘星的上司，但是他们仍旧经常联络、聊天。

只是从那个"情趣"的夜晚过后，他每次来香港出差时，下班之后对刘星是避之唯恐不及，让刘星赶快回家休息，不必再陪他。也许是九龙已经熟门熟路，能够自己找乐子了吧，所以就赶紧把这个煞风景的刘星支走，不要耽误他的快乐时光。每次两个人道别之后，刘星都看到那位上司迈着轻松步伐的背影，然后挥手招辆出租车消失在五光十色的夜幕当中，他自己也跟着步伐轻松起来。

管理上级不同于讨好上级，不同于溜须拍马，更不是玩弄权术、欺上瞒下，或者办公室的政治游戏。做一名优秀的工作者是管理上级最好的开端，是让上级离不开你的最好策略。

杰克·韦尔奇说过，一个幸运的职业人拥有三个必备条件：有一份自己喜爱的工作；有一个幸福的家庭；还有赏识并支持自己的上司。管理上司是成功的关键，我们如何找到一个这样的上司？这有赖于你自己怎么培养和管理上司。有没有管理，管理得好与坏直接关系着你工作的顺利和成功程度。

"管理上司"是个比较新颖的话题，在传统的自上而下的组织结构中，人们只习惯上级对下属的管理，而忽略了对上司的"管理"。管理上司实际就是管理与上司的关系。

放手让下属自己去干

每个人的精力都是有限的，我们不可能一个人做好所有的事情。因此，作为一个企业管理者必须学会把权力授予适当的人。授权的真正手段是要能够给人以责任、赋予权力，并要保证有一个良好的报告反馈系统。美国前总统里根是一个很出名的放任主义者，他只关注最重要的事情，将其他的事情交给手下得力的人去负责，由此，自己可以经常去打球、度假，但并不妨碍他成为美国历史上最伟大的总统之一。

人才是成就一番事业的关键，无论到什么时候，人才都是立业之本，这道理知易而行难。有了人，善用人，企业就会有一切；没有人，不善用人，企业就会失去一切。关键在于你怎样用人，怎样看待这个问题，总而言之就是在信任的基础上，放手让下属自己去干。

在 1932 年奥运会上最有意思的事情发生在 5000 米的竞赛中。在本届比赛之前，除了约瑟·吉尔蒙特在 1920 年奥运会 5000 米的决赛中令人吃惊地击败帕沃·努尔米以外，5000 米和 10000 米的赛跑项目一直被芬兰人垄断着。尽管努尔米在 1932 年被排除在外，但芬兰人也派出了足以胜任的后继者劳利·坦恩和 5000 米竞赛的世界纪录保持者劳利·沃坦恩。因此，这场奥运会的决赛成为一个令人回忆的场景：在窄窄的跑道上，两个劳利与一个希尔——美国的俄勒冈州、绰号为长腿的拉尔夫·希尔的抗争。

希尔从边上跑到了前面，但当两位芬兰健将开始施加威力时，希尔被追上了。希尔似乎比较乐观地一直跟在后面，直到还剩下 10 圈的时候，他跑到了第六名，继续保持着他稳定的步伐。当还剩下 4 圈的时候，他在坦恩和沃坦恩后面，排列第三。两圈后，希尔又超过了沃坦恩，并超越他 35 码。现在只剩下一个芬兰人了，比赛成为坦恩与希尔的直接对抗。在倒数第二圈的时候，坦恩不顾一切地想甩掉尾追不放的希尔，但终究没有成功。在最后一圈铃声响起时，这个美国人仍像个包袱一样坠在他后面，而沃坦恩则在离他70码之后，位于第三。为甩掉这个折磨者，坦恩在最后一圈的转弯处加速，但希尔也作出了同样的反应。为了节省自己的力气，这个芬兰人放松了脚步，准备在最后一个转弯处再加速冲刺。从后面追上来的希尔，紧贴着跑道的内侧，大步跑着。到最后的50码时，希尔从外侧开始加速，观众们站起来期待着结果。当希尔的影子隐现在他的右侧时，坦恩改上了第二跑道。当希尔再一次想从右侧超过时，坦恩又一次采用了"之"字形战术，并用眼睛瞄着他的对手，跑到了第三跑道上。

到眼下为止，喧闹声已平息了下来。观众们喊叫着给希尔加油，同时，让这个芬兰人躲开。离终点线还有15码时，希尔从内侧开始挑战，坦恩突然转回到第二跑道。《田径新闻报》的通讯员记载了下面的情景："坦恩又一次转向了他的目标，还没等他拉开距离时，希尔，我们可以用一句比喻的话说，'已经一脚在门里'。坦恩不能在第一跑道里完全甩掉希尔，美中不足的是，就在这关键时刻，终点线松了，两个人同时猛力向前冲刺，这个芬兰人先绊到了线，一个相差不到一步的获胜者。"

坦恩以14分30秒的成绩获得一块金牌，并创造了新的世界纪录，但失去了声誉。他被指控没有运动道德。但在经过一个多小时的深思熟虑后，裁判们判定这个芬兰人不是有意地在干扰希尔。国际非职业运动委员会以一种模棱两可的陈述宣布："尽管美国非职业运动委员会认为这次比赛欠公正，但我们没有收到来自希尔先生或美国官方的正式抗议。"

希尔显得十分大度，他告诉记者说："我不认为那个劳利是有意阻止我冲刺。他回过头来看我在哪儿，我以我的经验可以断定，当一个筋疲力尽的人这样做时，他就失去了方向感。坦恩确实阻碍了我，但我认为，他还落下我很多，不管怎样，他本来也可能胜出。我不打算抗议，因为我相信，坦恩仅仅是在盲目地奔跑，我也是如此。"

竞争，是奥运会上的主旋律，公平、友谊，也是我们尊崇奥运的重大理由。我们中国人最讲究的就是信,通过不光彩的手段来取得胜利,即使拥有了天下,同时也失去了民心。看看周围的成功人士,他们的为人之道第一大要素就是争得"信"字。

同样,奥运精神也适合管理者,管理者的关键在于用人。在很大程度上,管理者的科学性在于用人的科学性,管理者的艺术就是用人的艺术。在用人用智方面,能够用人之脑的,能够合成众人之智的,才算是最高明的管理者。睿智的管理者本身并不需要十项全能,但必须学会如何整合众人的智能以为己用。

现实中,也有一些单位的管理者干劲十足,精力充沛,处事明快,每天忙得不亦乐乎。但他们总是大事小事一把抓,事必躬亲,即使让下属自己做一些小事,也不放心,处处过问。这只能说明管理者对下属极度的不信任,不敢放手让下属自己做事。这样的话,不仅窒息了下属的活力,自己也孤掌难鸣,事倍功半,不会有好的企业业绩。

把一些重要的事情交给下属去做,体现他们的能力和重要性,这一举动恰恰表现出你对下属的信任,其他任何的方式,都不如这种领导方式来得直接、有效。并且管理者也能有精力和时间去处理更重要的事,何乐而不为呢?

与下属推心置腹,千万不能只把这句话放在口头上,而是要放到行动中。要把这句话牢记于心,并时时处处体现在行动之中,这才是一个管理者难得的英明之举。否则,口头上对下属如何信任,而实际上却对他们百般的猜疑,那样只能是"搬起石头砸自己的脚"。

作为一个有责任心的管理者,用人一定要有一贯性,即使在下属出现失误时,也要敢于用人不疑,放手让他们自己去干。

有的管理者在下属出错时,表面一套,背后一套,明着去同情你、帮助你,表现出他如何的仁义、大度,暗地里却怀疑你、出卖你,这种管理者虽能欺骗一时,但最终必会被下属识破,露出自己卑鄙的嘴脸。朋友之间相处，讲究"患难朋友才是真正的朋友"。管理者与下属之间相处，一个重要的原则也是这样，赞美下属的忠诚，在他处于逆境时特别要敢于信任他，把援救之手伸向他。只有这样，才能体现出管理者的高明之处。

作为一名管理者，应将部下放到最能发挥作用的岗位上去施展才干，以实现岗位所需和人才所长的最佳结合。同时，对一些从事某项工作有难度的员工，要多进行鼓励，使其在新的挑战和压力下，重新认识自己、调整自己和发挥自己，不断给他们搭建一个能真正发挥自己潜能，表现自己才干的新"舞台"，为他们创造一个想拼搏的环境与空间，让全体下属从思想到行动能时时感悟到有干头，从而焕发更大的工作热情。

最成功的管理者是那些把工作放手让下属去做的人，是把下属培养为管理者的人，是把管理者变为变革者的人。

没有合适的人，再好的策略也没有意义

兵圣孙子说："故善战者，求之于势，不责于人，故能择人而任势。""人为先，策为后"与"择人任势"有着异曲同工之妙。没有合适的人，再好的策略也没有意义。

所以，我们在做事情的时候，首先要想到的就是人的问题。"让合适的人做合适的事"，这才是人生的最高境界。但在大多数情况下，我们之所以没有成功，往往是因为没有用对人。

GE被外界称为"经理人的摇篮""商界的西点军校"，其根本原因就在于韦尔奇把人的工作作为最主要的工作，他的时间安排中有50%都是在看人。韦尔奇认为，管理者的任务就是要寻找合适的经理人员并激发他们的工作热情。"有想法的人就是英雄。我主要的工作就是去发掘出一些很棒的想法，扩张它们，并且以光速般的迅捷将它们扩展到企业的每一个角落。"

第 04 章
职责明确，实现团队高效协作

这位在公众眼中极富魅力的 CEO，实际上一直致力于如何在 GE 内部打造"一条领导力的长凳"，而不是"第一把交椅"。韦尔奇说过，"从今往后 10 年，杂志上写到 GE 的时候，展示的是一个人们可以自由创造的地方，一个调动起每个人身上最优良部分的地方，一个人们身在其中感受到自己的重要性、开放而公平的地方，一个他们的成就感既在腰包里也在灵魂上得到报偿的地方。"

GE 早已成为一个令美国其他公司垂涎的人才库。培养人才是韦尔奇的重要经营之道。他喜欢及早物色人才、追踪人才、培养人才，并把他们放到业务繁忙的工作岗位上。他说："我们把所有的时间都用在人才上"，"一旦我们把人都调动起来了，我们的事就做完了。"他总是收到来自多个渠道的大量的好消息和坏消息，他和他的高层管理团队通过一套规范的评审制度来追踪公司管理人员工作的详细过程。他给下属亲自写反馈意见已成为美谈：这些意见有建设性、切中要害。在推行六西格玛管理之前几年，他仔细考察了公司管理人员是否能胜任这种管理方法。这种持续修剪和培育，使 GE 获得了强有力的竞争优势——很少有公司能理解这种优势，更不用说获得这种优势。主管 NBC 的罗伯特·莱特、副董事长兼 CFO 丹尼斯·达梅尔曼、主管公司资本的格雷·温茨、经营医药的约翰·屈尼等人，在他们的位置上都是十多年。因为韦尔奇能让合适的人做合适的事，他能让他们在各自的位置上做得越来越好。

20 世纪 90 年代初期，通用将最优秀的人才投入到全球化工作中，通过收购和建立联盟关系继续推动着全球化发展。

1991 年年底，通用采取了两个重要步骤和决策。一是任命吉姆·麦克纳尼为通用电气亚洲总裁。他去的目的不是去经营任何企业，而是去促进亚洲的发展，向企业管理者们展示该地区的业务发展潜力和商机。他的全部工作就是寻找交易机会、建立商务关系。他是个说服力很强的人，具有不凡的影响力。韦尔奇相信，他不会让自己失望的。

吉姆在通用亚洲上任八个月之后，韦尔奇又将负责动力发电企业销售和市场营销工作的德尔·威廉森派到香港，负责全球销售工作。这也是通用的又一个重要决策。

韦尔奇将销售中心转移到中国香港是符合商机、合情合理的，因为在美国，已经没有人再来买发电厂了，商业机会已经转移到亚洲去了。而从心理上说，看到像德尔这样的高层管理者在他乡异地从事高层经营管理工作，这对于员工乃至于整个公司的意义也是十分巨大的。

作为通用公司"让合适的人做合适的事"战略的一部分，通用公司还提拔了一批当地人才担任高级管理人员。雇佣并提拔当地人才，这是通用电气在亚洲和其他地区的主要战略之一。

1997年9月，韦尔奇任命瑞典的马姆为通用亚太公司的总裁和通用高级副总裁。他还任命生于日本的Yoshiaki为通用亚太公司的副总裁，接替马姆。同一周，他又任命了生于古巴的里卡多·阿蒂加斯为通用电力系统事业部及服务公司的副总裁；任命生于西班牙的乔特姆·埃格特为通用电力控制事业部的总裁和首席执行官，接任阿蒂加斯。对此，韦尔奇说："我们不只是想把你的隔壁邻居和走下会场的人送到国外，我们想雇用能胜任工作的当地人。我们在那里已有多年，现在我们已经得到了人才，让我们给他们一次机会，给他们与我们这里的人同样的机会。"

成功的CEO与失败的CEO之间的差别是，后者只会布置任务，但对于接受任务的人是否真正能完成任务，他心里是没数的，而前者在布置任务之前花了大量的时间来考察、培育执行任务的人。在此意义上，CEO在公司内部担当的是"首席教育官"（Chief Education Officer）角色。首席执行官所"执行"的，实际上是教育、培养公司的一线将领。

洛克菲勒成功的关键之一，也在于他雇用了合适的员工，在雇人时尤其重视应聘者是否适合企业的文化。他的用人规则非常简单：少用人、付高薪，多提供培训和发展机会。把钱都花在了培训员工上，难道就不怕员工学成以后另谋高就？研究表明：给员工提供更多的培训和发展机会，员工对企业的忠诚度也就会增加。

英国邮政公司在人力资源管理上的基本理念就是"让合适的人做合适的事"，达到这一理念的基本途径就是"识别员工所需要的能力并加以培训"。在此基础上，以客户和市场，系统和过程，目标、结果和业绩为导向，建立平衡的考核业绩的方法。

英国邮政有5个培训中心，要求每个邮政职工包括高级管理人员，每年不少于10天的培训，年度培训费用超过1亿英镑。

为满足客户不断变化的需求，对所有为在每一个工作日维护与客户的良好关系，并为他们提供优质服务的经理应具有的能力进行评估。在关键部门吸引有志向、有热情的大学毕业生，并使他们获得挑战性的发展机遇和真正的工作经验。

采取措施保护职工健康和安全。一个"恢复健康和安全"的策略开始实施，意味着将从对待健康和安全管理的一种完全被动的态度向一种更加主动的态度转变。

英国邮政还尽力帮助员工计划未来，他们将退休金计划更名为养老计划和退休储蓄计划。

很多的企业家和企业管理者强调企业战略的重要性。在韦尔奇看来，用好人、让合适的人做合适的事是最重要的。因为有很多有希望的战略和计划，由于找不到合适的人去做，最后只能放弃。

战略是重要的，但是如果没有合适的人去执行，那么这些战略也只能是"只开花，不结果"。

正确地处理人际关系

杜拉克指出："管理者要知道增进沟通的重要性。"只有增进沟通，才能正确处理人际关系。通用电器公司的"朋友制"就是增进老员工及新员工与工作环境之间沟通的典型例子。

约翰在参加通用电气公司求职面试的两周后，收到通用电气人力资源部门的信。其中包括录用通知、个人情况登记表以及一封信。信中告诉约翰：公司人力资源部门采用的是"朋友制"做法。根据这一制度，公司将安排一位有经验的资深雇员与新聘的人结成朋友，他会在您收到聘用信及到职的第一个月内为您工作提供各种信息及帮助。

当天晚上，约翰就接到了马力的电话，他们相约在一间咖啡屋见面。约翰在和马力相互了解一些以后，他明白了公司人力资源部门选择马力做他"朋友"的原因：首先，马力和自己一样都是华裔，所以彼此较容易沟通；其次，约翰刚从旧金山来纽约，而马力对纽约和通用的研发部门非常熟悉，可以帮助约翰解决从生活到工作的具体问题；另外，马力热情、友善、乐于助人。当约翰谈及孩子上学的问题时，马力就很热心地向他介绍周围的学校情况，并向他推荐了一所好学校。

到了正式上班的那天，约翰来到公司研发部门的办公室。当他走进办公室，正对该怎么做有些不知所措时，马力走了过来。马力先带他去见主管经理，明确了自己工作的职务、内容、要求、基本程序，主管经理还向他交代了当天的工作；然后，马力带领约翰参观了办公室，领取了必需的办公用品，告诉他办公的位置；最后，约翰在一间宽敞的办公桌前坐下来时，他觉得一切都不再陌生了。午餐时，马力来招呼约翰去吃饭，马力、约翰和其他几位同事就像老朋友一样有说有笑地向餐厅走去。

以上案例说明了有效沟通对于企业良好人际关系的重要性。杜拉克认为，"在一个组织中，自认为有管理天赋的管理者，往往并没有良好的人际关系。"他特别强调指出："优秀管理人员的一个独特特征是，有能力创造一种下属能够实现的高绩效期望。低效的管理人员没有建立那样一种高的期望，结果，其下属的生产率受损。"也就是说，一个优秀的管理者善于成为下属的原动力。

沃尔玛公司是美国前五大零售商之一，这一公司的原动力就是山姆·沃尔顿。在 19 世纪 70 年代，该公司的商店由不足 20 家扩展到 330 家，销售额从 4500 万美元增长到 16 亿美元。山姆·沃尔顿的办公法说起来非常简单，实际就是关心他的员工。在沃尔顿的坚持下，他公司的所有管理人员，每人都佩戴一个上面写着"我们关心自己的职工"的圆形小徽章。

有一次晚上两点半，沃尔顿先生睡不着觉，于是从床上翻身而起，到一家日夜面包房去买了炸面包圈，然后送到一个分发货站去，又跟码头装运的工人们聊了一会儿天。最后他了解到还需要增设两个淋浴间。作为一家大型企业里的最高管理者，沃尔顿先生居然能对他的员工有着这样的关怀，这也正是他之所以成功的秘密。

基层职工最重要，优秀的管理者能够有效地与下属沟通，关心下属的生活，因而他就成了下属的原动力，下属就会积极地发挥自己的能动性，实现管理者所期望的最高绩效。

在自己的工作上和人际关系上都比较重视贡献的管理者，往往都有良好的人际关系，他的工作也因此而富有成效，这也许是所谓"良好的人际关系"的真义所在。那么在管理过程中如何去做呢？

首先，与上司搞好关系。与上级相处时，要理解上司的立场，上司要关注的层面更大，思考的更全面；工作进行到每个段落要先向上司报告，让上司了解进程可以及时调控，也可获得支持帮助，还能让上司了解你的付出；有什么事也要先向上司报告，上司经验丰富，往往具有更准确的判断力，同时向上司报告也可减轻自己的责任；及时向上司提出你的意见和建议，注意解决方案与问题同时提出来，如果与上司意见不一致时，充分表达自己的观点后仍要听从上司的安排；还要向上司提供有关工作方面的情报、信息以及不要背后里说上司闲话，有意见正面沟通等。

其次，搞好同事间的关系。绝不要为小事伤害同事间的感情，但也不要因为迁就别人而丧失个性。每个人都有自尊心，但又常忽略别人的自尊心。要想和同事搞好关系，就应该处处重视对方的自尊心，比如争吵或说过激的语言等，都是最容易伤害感情的。然而受同事欢迎的人并不能以丧失个性为代价。善于处理人际关系的人知道在人群中什么时候应该表现自己，不以张扬的个性证明自己的存在，在必须表明自己的立场和观点时，注意场合与说话的方式。在与人相处时，尊重别人，控制自己的情绪，可以换场合说的就不要急于说出来，以公平、友好的方式表达自己的观点和个性。

最后，与下级搞好关系。李世民曾说过："君王是舟，百姓是水；水能载舟，亦能覆舟。"人不应该被视为资源，而是运用各种资源的主体。与下级相处不要高高在上，重要的是感情影响、人际吸引以及共同价值观所产生的凝聚力。现代管理强调以人为本，作为上级更应该关心下级生活，理解下级苦衷，体贴下级难处，尊重下级人格。管理者只有建立充满友好、理解、信任、支持、祥和与宽松的人际环境，才能使企业形成有凝聚力的群体，体现人本管理的实质。人本管理在于通过最大限度地发挥企业共同价值观的影响力，充分调动员工的积极性，推动企业发展。

杜拉克说："管理人员对下属的期望以及对待下属的方式在很大程度上确定了这些下属人员的工作绩效和职业进步。优秀管理人员的一个独特特征是，有能力创造一种下属能够实现的高绩效期望。低效的管理人员没有建立那样一种高的期望，结果，其下属的生产率受损。"

通常，下属人员会做他们认为管理者期望他们做的事情。所以，作为管理者的重要任务之一就是：协调好企业内部的人际关系，这是管好企业的必要方法。

高明管理者的下属不需要管理

杜拉克认为："我们有太多的管理意在使人无法工作。"长期以来，传统的认识认为，在企业中，管理者的职责是监视、监控，管理者只要监督下属的工作就行了。整个公司管理层只是到处举办高层会议，以确保企业和其他基层的工作运行正常，不出问题。结果，高级经理们沉溺于文件、报告、会议中，不给基层管理者作决策、展示才能的机会，渐渐失去了与下级沟通的机会。这就是那些管理者所做的一切，而且他们还认为这就是他们的工作。事实上，一个聪明的高层管理者，是不用管理的。宝洁公司的事例就是最好的证明。

在宝洁公司，当时他们提倡的是"办公室景观"的新观念，所有的办公室都是开放的，只是用盆景、可移动的壁板、书架、柜子之类的东西隔开。一家商业杂志社想对这个新观念加以报道，于是派人采访了总经理史旺生。

公司总经理带着杂志社的编辑参观过新的办公室，这位编辑看到了美丽的办公空间和漂亮的员工休息间后问道："你们对员工喝咖啡的时间和休息的时间有何规定？"

"我们唯一的规定就是，不能在工作地点吃东西或喝饮料，因为我们不敢冒险弄脏这些整片的地毯，也怕会搞坏其他装潢。至于我们的员工，他们随时都可以到休息室舒展筋骨，也没有人为地规定喝咖啡时间。"总经理微笑着回答。

"完全没有规定？"编辑惊讶地问，"那你们如何防止滥用权力？员工岂不是想偷懒就偷懒？"

"我们不用防止权力滥用，也不怕员工偷懒，这些问题员工自行防止。"总经理说，"舆论和与生俱来的自尊就足以使每位员工都努力维护自己良好的形象。"看到记者迷惑的眼神,他接着说道:"当我们准备进行办公室美化时,一位心理学顾问建议我们实行这种政策,结果真的有效。你已经看到了,休息室像其他办公室一样,包括主管人员的办公室——全都是开放的空间——所有经过的人可以清清楚楚地看到里面的一切。当每个员工都知道,自己离开工作的地方别人都看得很清楚,而且每个经过休息室的人都能看见他们在抽烟、聊天、吃东西时,他们当然就不会再滥用权力了。"

最后,这位总经理开了句玩笑道:"让公众注意一个人的行动是最好的管理方法,而公司不必为此付薪水。"

这位总经理的话实际就是杜拉克的观点:管理者不要去管理监督员工,每个人都会在各种各样的原因下自己管理自己。好多管理者过于迷信制度的作用,经常把制度提升到管理的核心位置。可是,管理者依然困惑:为什么制度很难执行?明明是大家应该做的东西,而其对他们只有好处没有坏处,他们为什么不愿接受?

人的本性证明:不论是什么样的东西,凡是"强加"的就会遇到本能的抵抗。管理者不必把公司里所谓的精英者的地位放得高高的。在以前的管理中"精英者与员工的工作关系是管理与被管理"的观念必须改变。要记住,人是不喜欢被其他人管理的。

在1976年,雷夫寇提出了"关掉噪声"的实验报告。实验中,一些被研究的人员在进行解谜和校稿工作,周围不时制造出非常嘈杂的噪音。被研究的人员分成两组,第一组仅被要求尽力完成工作,第二组则增设了一个可以关掉噪声的按钮。结果有按钮的第二组表现较佳,解谜是第一组的五倍,校稿的错误率也相对较低。但令人感到意外的是,第二组并没有使用可关掉噪音的按钮。由此可见,只要让人们知道能自行调控,就可产生极大的差异。这一观念所体现的精髓便是"自我管理小组"。

自我管理小组没有安排任何直属主管,成员都是先接受培训以便承担工作挑战。只要赋予小组所需的资讯与任务，让他们自行安排每日的工作内容，自行设定目标，对质量管理、采购出勤和成员行为负责。并且让每一名成员都了解该小组职责范围内所有的工作内容，自我管理小组成功地实现了"放弃对员工的控制以便控制他们"的理念。如果实行得当的话，这种小组往往可产生很高的生产力。

宝洁公司实行"自我管理小组"已有40年的历史。20世纪60年代初，宝洁公司的管理者们开始接触自我管理小组的观念，当时，他们就认定这是主要的竞争优势，并把这项方法视为商业秘密。

人可以在不得已的情况下被强制，但是却永远不愿接受强制和作为他人意志的体现而强加给自己的管理。这是人的本性，你不可以违背人的本性，否则，便会带来不必要的麻烦。人只能服从自己的意愿，只能自我管理。当企业的员工自己管理自己时，他们会去做企业希望他们做的事，而不是由任何管理者强迫他们去做。

员工不是资源，而是资源的掌握者，所以管理者不可以像使用任何资源一样使用员工、管理员工、控制员工。如果管理者有这样的观念，就肯定会受到来自员工阶层的各种形式的抵触，尤其是当员工是公司里的最有"价值"的知识员工时，这种情况尤为严重，因为知识员工的自主性最强，他们绝对不会被动地接受强制管理。

管理者不是被雇用来做员工的主人的，每一个人都是自己的主人，管理者的职责应该是引导员工成为自己的主人。每个人都会有某种强烈的需求，并希望能够控制自己的未来，哪怕仅仅一部分，这一点就是人的自主性。员工只要相对能控制自己的生活，就会觉得心情舒畅，也就会更具有生产力。

随着管理新时代的到来，管理意味着是帮助而不是控制，是变复杂化为简单化。管理者不能再终日忙于计划、组织、指挥和控制。管理者必须通过培养积极的工作关系以加强员工的自尊；必须运用适当的人际关系技巧来激励员工；必须建立起一种关系，使集体的效率远大于简单的个体相加。管理者还要对员工进行必要的培训，让每位员工都能发挥自己的才能，以促使员工提高工作业绩；同时，管理者还必须创造良好的工作环境，为员工提供发展平台；另外，管理者还要对有贡献的员工给予必要的奖励。

现代管理也不是要削减公司的管理层次和管理规模，更不是要减少"管理者"，而是"管理"观念从根本上的变革，使"管理者"变成以人为本，可以引导员工实现自我控制、自我管理的新型"管理者"，在公司形成一个宽松的工作环境，达成高效的工作效率。这种观念上的变革，其意义远远大于简单的精简管理层次。

• 第 05 章 •

领导者要管头管脚，但不能从头管到脚

学会授权是关键

西方管理学者卡尼奇说:"当一个人体会到他请别人帮他一起做一件工作,其效果要比他单独去干好得多时,他便在生活中迈进了一大步。"

正确授权,首要一条是必须善于使用德才兼备的干部,把人才放在重要位置上;其次,必须坚持不干预下级工作的原则,做到用人不疑,疑人不用,不用害怕使用能力比自己强的人。

卡耐基有一句话很有启示,他说:我知道得不多,但我手下有很多人都知道怎么去把事情做好。

假如有人可以比你做得更快、更好,请他们来做。如果你的收入超出了最低的薪水,那就别做最低薪水的工作,除非你喜欢做那些工作。如果你觉得扫落叶有趣,就去做吧;但一旦它变成了琐事,就停下来,雇用其他人来做。即使不是最低薪水的工作,自己做也可能相当浪费时间,例如修理汽车、修理电器。假如你擅长修补东西或学得很快,就可以亲自动手去修理水龙头;假如你是笨手笨脚的人,而且要花很多时间学习的话,那就花钱请人来做吧,除非你没有钱或是你非常喜欢修修补补,并且感觉很好。

最近的一项研究发现,美国的经理人与专业人士在工作上都陷入了这种陷阱之中。这项针对95个办公室中1700多位员工所作的研究发现,经理人与专业人士的工作时间中,只有一小部分是用在他们受雇的工作上。该项研究的指导人——经济学家彼得·萨森发现,几乎在每一个办公室里,完成一份工作所使用的经理人和专业人士都比取得经济效益所需要的多得多,而后勤人员则太少。萨森的建议是:雇用后勤人员去做事务性的工作。如果一个机构的高薪专业人员花了很多时间在做复印、装信封的琐事,这绝不是在省钱。

第05章
领导者要管头管脚，但不能从头管到脚

管理者千万不要企图自己来单独完成某一件事情。你必须精于与你领导的团队里的每一个聪明的家伙打交道，与他们建立良好的合作，并充分激励他们。如果你真正做到这一点，那么恭喜你，你已经把整个世界都抛到了屁股后面。

真正做到授权后，你会发现：当你清清楚楚地告诉员工该怎么做时，他们照单全收，不多也不少；而让他们发挥自主性自我管理后，他们做了很多事。

你需要用心想一想：我授权的时机对吗？我是否授权过度了？我真的授权了吗？

学会授权首先要找对授权的时机：

（1）当下属中有人比你还了解这件事情时；

（2）当下属中有人处理这件事情比你还老到时；

（3）当下属中有人比你更适合处理这件事情时；

（4）当下属中有人处理这件事情比你有经验时；

（5）当下属去做这件事情比你亲自去做成本更低时。

最不恰当的授权时机是：在公司刚开始进行大裁员，发生恐慌时，或发生大变革还未稳定下来时。因为那时你的员工的情绪还很不稳定。

其次授权要负责任，不负责任地下放职权，不仅不会激发下属的积极性和创造性，反而会适得其反，引起他们的不满。有的管理者每次向下属交代任务时总是说："这项工作就拜托你了，开始都由你做主，不必向我请示，只要在月底前告诉我一声就行了。"这种授权法会让下属们感到，"无论我怎么处理，老板都无所谓，可见对这项工作并不重视。就算最后做好了，也没什么意思。老板把这样的工作交给我，不是在小看我吗。"

高明的授权法是既要下放一定的权力给下属，又不能给他们以不受重视的感觉；既要检查督促他们的工作，又不能使下属感觉到有名无权。若想成为一名优秀的管理者，就必须深谙其道。

再次，你要确定你真的授权了。你也许一天到晚想的是授权，甚至一周开两次会议来讨论授权问题；你也许还上过关于授权的培训课。但是，我想问的是：当你一直在谈论授权时，你是否真的去实行了？

真正有授权的组织不会谈论这个问题，而那些大谈特谈的往往缺乏授权，它们过去花了很多时间去剥夺每个人的权力，所以才会猛然发现授权是个天外福音。

事实上，真正的授权最自然不过，人们知道必须做什么并且去做，就像蜂巢里的工蜂。真正健康的组织既会向其下属授权，而且领导要倾听正在发生的看上去不错的事情。

根据每个人的长处充分授权

高明的管理者之所以高明，平庸的管理者之所以平庸，其区别很简单：仅在于高明者懂得放手管理，充分授权于下属，而平庸者则事无巨细，全部包揽。

授权也并不难，因为每个人都有自己擅长的领域，也有不熟悉的方面，所以在授权的时候若能够人尽其才，大胆起用精通某一行业或岗位的人，并授予其充分的权力，使其具有独立做主的自由，能自己作出决定，并能激发他们工作的使命感，这是管理者实现成功管理的简单原则，也是适应公司发展潮流的必然要求。

本田第二任社长河岛决定进入美国办厂时，企业内预先设立了筹备委员会，聚集了来自人事、生产、资本三个专门委员会中最有才干的人员。作出决策的是河岛，而制定具体方案的是员工组织，河岛不参加，他认为员工会比自己做得更好。比如，位于俄亥俄州的厂房基地，河岛一次也没有去看过，这足以证明他充分授权给下属。当有人问河岛为何不赴美实地考察时，他说："我对美国不很熟悉。既然熟悉它的人觉得这块地最好，

第 05 章
领导者要管头管脚，但不能从头管到脚

难道不该相信他的眼光吗？我又不是房地产商，也不是账房先生。"

财务和销售方面的工作河岛全权托付给副社长，这种做法继承了本田一贯的做事风格。1985 年 9 月，在东京青山一栋充满现代感的大楼落成了，赴日访问的英国查尔斯王子和戴安娜王妃参观了这栋大楼，传播媒体也竞相报道，本田技术研究工业公司的"本田青山大楼"从此扬名世界。实际去规划这栋总社大楼、提出各种方案并将它实现的是一些年轻的员工们，本田宗一郎本人没有插手此事。成为国际性大企业的本田公司在新建总社大楼时，这位开山元老竟没有发表任何意见，实在难以想象。

本田第三任社长久米在"城市"车开发中也充分显现了对下属的授权原则。"城市"开发小组的成员大多是 20 多岁的年轻人。有些董事担心地说："都交给这帮年轻人，没问题吧？""会不会弄出稀奇古怪的车来呢？"但久米对此根本不予理会。年轻的技术人员则平静地对董事们说："开这车的不是你们，而是我们这一代人。"

久米不去听那些思想僵化的董事们在说些什么，而本田又会如何对待这一情况呢？他说："这些年轻人如果说可以那么做，那就让他们去做好了。"

就这样，这些年轻技术员开发出的新车"城市"，车型高挑，打破了汽车必须呈流线型的"常规"。那些固步自封的董事又说："这车型太丑了，这样的汽车能卖得出去吗？"但年轻人坚信：如今年轻的技术员就是想要这样的车。果然，"城市"一上市，很快就在年轻人中风靡一时。本田正是根据每个人的长处充分授权，并大胆使用年轻人，培养他们强烈的工作使命感，从而造就了本田公司辉煌的业绩。

以下是根据员工长处充分授权的简单要点：

（1）明晰所要解决的问题

对可能的对象进行有目的的筛选。即公司所采取的行动将要达到一个怎样的目的，解决什么具体的问题，管理者必须心里有数，这样就可以有

针对性地进行选择。这一要求特别针对于一些具体性的工作，像设计、规划、谈判等等。

（2）人员筛选必须做到定性定量

要有衡量行动结果的标准，使人员筛选结果能用最简单、直接的数据表现出来。因为只有这样，才可能使被授权的人对行动价值有准确的认识。

（3）限时完成

必须规定明确的时间期限。针对每一阶段要完成的任务必须全力以赴，浪费掉的时间要想方设法弥补过来。

合理统筹安排，放手让员工去做

日新月异的科技发展形势，使企业的管理者不可能做到面面俱到，并干涉企业各个阶层的具体工作。因此，很简单的做法是管理者负责整体化运营和决策，而不是关心那些具体的细枝末节。管理者只需要把自己的决定告诉下属，至于具体怎么做，应放心地由下属去思考，让各个负责人各负其责，发挥各自的才能。

一般的管理者不放心把权力委托给下属，这是出于"别人谁也不会像我自己做得那么好"的思想。虽然他们也意识到个人的能力是有限的，不过多数情况下，他们还是只考虑怎样安排自己的生活，以便有更多的时间和精力用到企业上去，而不会想到请其他人来完成部分工作。他们做事总是喜欢权力一把抓，大小事情统统自己动手，员工只能当他的助手，造成自己整天忙得像无头苍蝇。

思科公司的总裁约翰·钱伯斯就不是这类领导人，在所有大企业中，恐怕他是最乐于授权给下属的总裁了。约翰·钱伯斯说："也许我比历史上任何一家企业的总裁都更乐于放权，这使我能够自由地旅行，寻找可能的机会。"

最有能力的总裁并不等同于大权在握、搞集权统治的总裁，钱伯斯认为：一群人总是能够打败一个人的。如果拥有一群超级明星，那么就有机会建立一个王朝。

钱伯斯认为，最优秀的领导者并不需要大包大揽，事必躬亲，其关键作用在于如何把人员合理地进行统筹安排。他说："很久以前我就学会了如何放手管理。你不能让自我成为障碍，成为一个高增长公司的惟一办法就是聘用在各自的专业领域里比你更好、更聪明的人，使他们熟悉他们要做的事情，要随时接近他们，以便让他们不断听到你为他们设定的方向，然后，你就可以走开了。"如果是中央集权制，即上面做了决定，下面只是执行，大家就不会有动力。而钱伯斯的做法是：不告诉下面的人应该怎么去做，而是告诉他们一个目标，让他们来看怎么实现这个目标。在钱伯斯的"分权"理论指引下，整个思科的管理方式都有了极大的变化：他们摒弃了"指令性管理法"，采用"目标管理法"。任何人都不能够对员工的具体工作指手画脚，上司只能够大体制定一个方向，具体操作就由员工自由发挥了。这样一来，在目标的确定上由上下级共同讨论商议完成，在目标的实现上，员工会有很大的灵活范围来采用具体方法。每个人没有必要一定要听从其他人的指令才能够完成任务，员工自己的方式也许会将工作完成得更好、更快。

在思科，高级管理层确定战略和目标，建立公司所需要的文化，然后放权到基层，令公司更多的基层人员拥有决策权。这样做就使得公司的许多事情是由市场来决定的，而不是公司决定市场。而且随着互联网的飞速发展，思科也发生了新变化：许多以前只能由高级管理层掌握的数据现在到了个人手中，像基层人员和客户。放权给他们，决策的质量会得到更快的提高。

钱伯斯认为，一个人的能力是有限的，只靠一个人的智慧指挥一切，即使一时能够取得惊人的进展,但是终究会有行不通的一天。因此,思科公司今天的成功不是仅仅依靠首席执行官的领导,不是仅仅依靠高层管理人员的努力,而是依靠全体思科员工的集体努力才获得的。

指挥千军万马不如善点良将

基于企业发展的不断需要,管理者已经不可能事必躬亲,而且员工的责任和权力之间的关系也应随着事业的发展重新进行定位。大胆给部下以权限与责任,不仅使工作进度快、效率高,而且上边的方针能很快传达到最下边,既有利于明确权力责任的范围,又能够激发员工的积极性,从而使企业的整体与局部紧密相连,促进公司的发展。

与其指挥千人,不如指挥百人;与其指挥百人,不如指挥十人。帅才善点将,将才善点兵。作为管理者要想成功,就要让管理回归简单,即擅长管理手下的几员大将而不是指挥千军万马,这是管理的灵魂之所在。

1933年,松下电器出现超常规的发展势头,员工已增加到1400多人,这在制造业中已算中等企业,在电器界更可以说是屈指可数的大企业。

松下深深知道,任何企业在规模较小时,管理者能单枪匹马、有效地驾驭整个企业的大小事务。然而,随着企业的扩大、员工的增多,管理者就会逐步感到力不从心,造成企业整体或局部处于失控状态。

松下电器的经营状况虽是良好,但也出现过短期的局部失控现象。虽然及时扭转了局面,但给松下的教训是极为深刻的。

松下曾把工厂的日常管理交给得力的人去负责,因工厂尚未相对独立,管理者仍不敢大胆行使权力,事事还得向松下汇报,请松下裁定决策。在这种责任、权限划分不明的情况下,出现问题,在所难免。但松下却不原谅自己,而是自咎反省,寻找新的途径:一定得下放权力,一定得相对独立。虽然各工厂都勤勉尽力,但实际效果却有好坏之分。各工厂的待遇都是一样的，这是不公平的。

如此常往，必然会滋生懒惰、保守、不思进取的陋习。

第二年，松下采取惊人之举，大刀阔斧地推行"事业部制度"，将企业分成若干事业部。这样一来，每一个事业部就像一个小型企业，在生产、销售、财务、研究开发等方面都相对独立，拥有一定的自主权。这样只需直接管理几个部长，再由部长指挥员工，实现了最佳的管理目的。

松下认为"事业部制度"实际是一种"分权管理"的方式，部长对客户负责，各厂长对部长负责，员工对厂长负责。从表面形式看，每一事业部都是独立的经济实体，合起来，又成为一个大企业。相互之间又是固定的子公司与母公司的关系。

松下认为，集权与分权并存，两者都得有个适当的度。为此，应制定若干措施并加以有效的管理：

（1）各事业部长全盘处理日常事务，但必须定期向总公司汇报。

（2）各事业部虽然财务独立，但盈余需交总公司统筹管理，要想增资扩充的事业部，均需向总公司申请。

（3）日常教育由各事业部独立进行，但职业性的教育训练由总公司集中推行。每一个员工均需要接受松下经营哲学的熏陶，以培养出同心协力、目标一致的松下人。

（4）员工的日常人事管理由各事业部负责，但人事的升迁必须由总公司统一裁决。另外，高中毕业以上学历的员工，未经总公司的认可，一律不得任用。

（5）各事业部面向市场竞争，但开发的新产品如与另一事业部的经营范围重叠，必须报总公司审批并裁决。

我们再来看看这种分权制度的优点：

（1）不但使企业得以顺利扩大，而且解决了自己力不从心的问题。

（2）每一事业部都是一个责任中心，产品划分，责任分明，盈亏明朗，便于考核。

（3）各事业部都具有小型企业之特点，产品较单一，致力于技术研究与产品开发，因此能培养出许多技术专才。

（4）由于各事业部部长负盈亏的全部责任，自然而然会产生强烈的消费导向——非常重视并竭力满足消费者的需求。

（5）一个事业部盈利，绝不分利给另一亏损的事业部。每一事业部都必须靠自己想办法盈利。

管理者要培养自己成为善点大将的帅才，而不是指挥千军万马的大将，如此方能让企业在竞争中永远立于不败之地。

放心授权，哪怕他是新聘员工

要培养员工的责任感，它能激发一个人的欲望与成长能力。简单的做法是，从他们开始新工作的那一天就把责任交给能干的部下，而不管他是自己苦心栽培的心腹，还是新聘的人。

《福布斯》是全美，也是全世界最著名的财经杂志。

《福布斯》总裁布鲁斯·福布斯和马孔·福布斯在用人方面放手授权，很少对下属的工作指指点点，而是完全交给他们放手去做，关键是要有成果。

在这方面，雷·耶夫纳感触颇深。他刚到福布斯工作时，公司就给了他很高的薪水，工作条件也十分优越。当时，雷·耶夫纳的任务就是对福布斯的附属机构进行调整，使该机构所出的《IAI》周报重振雄风，布鲁斯·福布斯给他的惟一指示是：一切由你全权处理，不过，事后要向我报告工作结果。

雷·耶夫纳每天早上到《福布斯》对面的餐厅喝咖啡，在那里和《福布斯》各部门主管轮流会谈，了解各部门的进展状况，决定哪些主管和布鲁斯·福布斯面谈。

"这是我第一次感到手中握有无限大权。"雷·耶夫纳如是说，精神抖擞的他对《IAI》采取的第一步行动是扩大版面，并且加大行间距离，以便于读者阅读。此外，他让手下有事直接向他汇报，不必像以前那样层层报告。6个月内《IAI》果然重振往日雄风，雷·耶夫纳从此名声鹊起。各界纷纷邀请他演讲，担任顾问，这一切和布鲁斯·福布斯的充分信任及充分授权分不开。

由此可见，领导要协调好与下属的关系，一定要学会授权艺术，授权的同时要注意训练员工能担当重任的能力。

（1）使他们具有独当一面的管理本领

英国著名经理人汤姆斯·佩恩准备提拔一个新人当部门主管，于是告诉他说："你在此会有很好的发展前景，要挑战你所见的一切，了解采取的每个行动背后的获利原因。如果没有获利就不要去做。若见到你不喜欢的事就改变它，或至少质疑它；如果你维持现状的话，人们就会认为你同意了这些状况。"

与此同时，佩恩也让他知道自己偶尔会回来，会提出一些尖锐的问题并要求得到合理的答复。佩恩的良苦用心在于训练部属练习独立的管理本事。

（2）提高他们的获利认同能力

一流的经理人不仅训练员工自主的管理能力，而且提高他们对获利重要性的认识。

事实上训练员工达到这个目标也是比较困难的，这就要求在训练与专业知识培养、事业创立、秘诀培养、自我建立、工作多样化和自我激励等方面寻求适度的平衡。

经理人可以随时激发员工对工作目的及获利原因有新的认识。例如，经理人可以拿起一封信并问道："为何你以这种方式处理它？"或是员工接电话时你站在一边说:"你为何告诉客户你月底前无法见他。"或拿起一份备忘录问他:"这份文件帮你达成什么目的了?"总而言之,你不断地质疑、打听,并以此来发现问题,激发员工自主思维。这样也是一种有效的训练方法与领导方法。

合适的人选是授权的前提

在我们高喊授权的口号时,还有一个简单的问题不容忽视,那就是授权的对象,可以说合适的人选是授权的前提。

越来越多的管理者认识到将手中的权力合理地授予员工,使员工拥有更多控制自己工作的权力,这是组织生存的惟一途径。但权力的使用向来都不是一件随随便便的事情,并不是每个员工都是权力授予的最恰当的人选,不是每个人都能够达到管理者所要求的目标。因此,选择合适的人选成为授权工作中最关键的前提条件,人选不合适,不如不授权,否则将会适得其反。

北欧航空的董事长卡尔松感觉到,公司内部的种种陈规陋习严重阻碍了公司发展,决心进行一次大变革,把北欧航空公司改造成欧洲最准时的航空公司。

卡尔松的想法是:自己如果有一套切实可行又十分有效的措施,就按照自己的措施施行;如果没有有效可行的措施,就设法找到一个能够进行这种变革,达到既定目标的人。然而卡尔松没有想出更好的办法,因此他必须找一个合适的人选,通过合理的授权,让下属找到一个能够达到既定目标的最佳途径。

卡尔松果然是一个好伯乐,他迅速找到了一个最合适的人选。在一个风和日丽的日子里,卡尔松专程拜会他,以提问的方式叙说:"我们怎样才能成为欧洲最准时的航空公司?你能不能替我找到答案?过几个星期来见我，看看我们能不能达到这个目标。"

卡尔松深知管理的艺术何在：如果他告诉那个人应怎么怎么做，并且规定只能花200万美元，那么，在规定的时间内，那个人一定不能圆满地完成任务，他会在期满后过来说，他认真地做了，有一些进展，但仍要再花100万美元，而且完成任务的时间可能会在3个月之后。精明的卡尔松并没有这么做，他是运用提问的方式让对方自己寻找答案，拜会回去后他就不用再思考这件事了，而他的合适人选正在苦思冥想，力图找到答案。

最终，那位员工找到了答案。几个星期后，他约见卡尔松，说："目标可以达到，不过大概要花6个月的时间，而且要用150万美元的巨资。"随即，他向卡尔松说明了自己的全套方案。对于他的回答，卡尔松甚为满意，因为他原本计划要花的钱大大高于150万美元。于是卡尔松让这位员工去认真地实施方案去了。

大约4个半月之后，那位员工请卡尔松来看他的成果如何。这时，卡尔松的目标已经达到，北欧航空公司已经成为全欧洲最为准时的航空公司，更为重要的是他还从150万美元的经费中节省了50万美元。至此，卡尔松甚为得意，他进行了一场大的变革，而且还省了好大的一笔钱。

由此可见，授权给一个合适的人可以达到事半功倍的效果。聪明的管理者知道管理的重要性，但也知道合适选择人选的重要性。

授权要有张有弛

高明的授权法是既要下放一定的权力给部下，又不能给他们以绝对受重视的感觉；既要大胆信任，又要有一定的牵制。要知道授权并不是一味地授，而是要做到有张有弛。若想成为一名出色的成功管理者，就必须深谙此道，把授权玩于股掌之间，在管理的海洋中游刃有余。

一个成功的管理者应该懂得"一个人权力的应用在于让他们拥有权力"，掌握授权这一管理人的艺术，需要注意的是授权虽然重要，但并不是人人都会授权，授权不当比不授权造成的后果更严重。当然授权也并不是比登天还难，下面就有几招简单的方法。

（1）看准人授权

要根据下级的能力大小和其他个性特征等区别授权。对于能力相对较强的人，宜多授一些权力，这样既可将事办好，又能锻炼人；但对于能力相对较弱的人，不宜一下子授予重权，否则就可能出现失误。同时，授权时应考虑被授权者的其他个性特征。对于性格外倾性明显者，授权让他解决人事关系及部门之间沟通协调的事容易成功；对于性格内倾性明显者，授权他分析和研究某些问题则容易成功；对于要求作出迅速和灵活反应的工作，授权让多血质和胆汁质的人处理就能成功；对于要求持久、细致严谨的工作，授权让黏液质和抑郁质的人处理就可能效果良好。

（2）当众授权

当众授权有利于使其他与被授权者相关的部门和个人清楚，管理者授予了谁什么权、权力大小和权力范围等，从而避免在今后处理授权范围内的事情时出现程序混乱及其他部门和个人"不买账"的现象。

（3）授权要有一定的根据

管理者以手谕、备忘录、授权书、委托书等书面形式授权具有三大好处：一是当别人不服时，可藉此为证；二是明确了其授权范围后，既限制下级做超越权限的事，又避免下级将其处理范围内的事上交，以请示为由，貌似尊重，实则用麻烦管理者的办法讨好管理者；三是避免管理者将授权之事置于脑后，又去处理其熟悉但并不重要的事。

（4）授权后不宜短时间内把权力收回

如果授予一定权力后立即变更，会产生三个不利：一是等于向其他人宣布了自己在授权上有失误；二是权力收回后，自己负责处理此事的效果如果更差，则更产生副作用；三是容易使下级产生管理者放权却又不放心的感觉，觉得自己并不受管理者信任，有一种被欺骗感。因此，在授权后的一段时间，即使被授权者表现欠佳，也应通过适当指导或创造一些有利条件让人以功补过，不必马上收权。

（5）授权忌把责任推给被授权者

组织管理原则中一直有权责对等这一原则，但授权却是例外，即授权后并不要求被授权者承担对等的责任。因为权责对等原则是针对某一职位应该拥有的权力而言的，若没有这一权力，则这一职位就没有必要设立。而授权对于管理者来说是一种可为也可不为的权力，而不是必须为的义务。在这种情况下，管理者授权的实质就是请被授权者帮助他办事，是一种委托行为。因为，授权后，当被授权者将事情干得好时，应当给予奖励和表彰；当事情干得不如意时，管理者应该自己来承担责任，而不能将责任推给被授权者。

（6）授权有禁区

尽管从某种角度说，管理者能够授出的权越多越好，但并不等于说管理者将所有权都授出去而自己挂了空衔最好。如果这样，公司就没有必要设立管理者了。在授权问题上存在禁区，有的权多授好，有的权少授甚至不授更好。一般来说，授权的禁区有：公司长远规划的批准权，重大人事安排权，公司技术改造和技术进步的发展方向决定权，重要法规制度的决定权，机构设置、变更及撤消决定权，对公司的重大行动及关键环节执行情况的检查权，对涉及面广或较敏感的情况的奖惩处置权，对其他事关总体性问题的决策权。

• 第 06 章 •

目标管理：让员工干劲冲天

企业的目标管理

当目标被具体化或将理想生动鲜明地体现出来后，员工就会从思想上产生一种共鸣，就会毫不犹豫地追随管理者。形象地说，就是管理者利用明确而具体的目标激励员工，充当了一个"建筑师"的角色。"建筑师"把自己的想法具体地表现在蓝图上，让"建筑"的形象生动鲜明地体现出来，以此激发出员工为之而努力工作的热情。

杜拉克认为：企业的目的和任务必须转化为目标，目标的实现者同时也是目标的制定者。首先，他们必须一起确定企业的航标，即总目标，然后对总目标进行分解，使目标流程分明。其次，在总目标的指导下，各级职能部门制定自己的目标。再次，为了实现各层目标必须将权力下放，培养一线职员主人翁的意识，唤起他们的创造性、积极性、主动性。除此之外，绝对的自由必须有一个绳索——强调成果第一，否则总目标只是一种形式，而没有实质内容，岂不是空中楼阁？

企业管理人员必须通过目标对下级进行领导，并以此来保证企业总目标。如果没有方向一致的分目标来指导每个人的工作，则企业的规模越大，人员越多时，发生冲突和浪费的可能性就越大。当今世界上赫赫有名的丰田汽车工业公司，每年生产各种汽车300多万辆，其中50％出口，年营业额高达6万多亿日元，居日本汽车制造业的榜首。在世界十大汽车公司中，丰田公司仅次于美国通用汽车公司而名列第二位。丰田公司生产的轻型小轿车，更是以它质量上乘、美观耐用、上门服务而遍布全球。"车到山前必有路，有路必有丰田车"的广告语，实际上就是丰田公司的追求。

杜拉克指出："凡是工作状况和成果直接地、严重地影响着企业的生存和繁荣发展的地方，目标管理都是必要的。"丰田汽车公司在自身的发展过程中，通过对日本与美国在经济发展速度上反差大的认真比较和分析，找到了日本人在生产管理上存在的致命弱点，就是生产过程中的浪费现象。以前，按照传统的作业方法，装配工厂总是将储存在仓库里的汽车零件在装配线需要时才运到现场，这就需要公司拥有较完善的仓库设施、运送汽车部件的人员和仓库管理人员。公司生产出目前不需要的汽车部件存放在仓库里，不仅浪费了人力、物力，而且库存零件就等于占压了资金。为了改变生产过程中的严重脱节而造成的浪费现象，丰田汽车公司实行了独特的传票卡制度。

这种制度以销售公司需要的汽车数量为大前提，以最后一道工序为起点，上道工序只生产下道工序所需要的汽车部件的数量。"传票卡"上面记载着何时生产、生产多少、运往何地等多项指示。装配厂将用完的空箱送回原处，各零件生产工厂就根据"传票卡"上的指示，装好零件再送到装配厂，绝对禁止超过票卡上规定的数量领取部件。这样就使各原料工厂、零部件工厂和装配厂不但分工细，而且能自我约束，从而做到了忙而不乱，井然有序，大大减少和消除了生产过程中的浪费现象。

传票卡制度合理完善后，丰田汽车公司由于按计划生产所需要的东西，不使生产的产品过多，减少了仓库的产品积压，降低了生产成本，取得了很高的经济效益。据统计，丰田公司设置的零组件仓库仅是日本第二大汽车公司——日产公司的1/5，仅这一项每年节约开支就达40亿日元。

目标管理理论强调自我控制，注重成果第一的方针，促使权力下放，突出民主管理。为了实现企业的总体目标，首先确立企业的整体目标，然后制定企业各部门员工的目标。

丰田汽车工业公司实行的是目标管理理论。为了实现公司的总体目标，丰田公司从生产作业、营销管理、管理制度等方面加强着手，层层有目标，人人有责任，人人有动力。

丰田公司为了提高生产效率，最大限度地降低成本，实行了建议制度。公司积极鼓励每一位职工提出生产经营管理方面的合理化建议，然后对每项建议认真研究，只要能提高公司的经济效益，公司都会积极地采纳。建议一经采纳，就要支付给报酬。这种报酬的数额最低为500日元，最高为10万日元，主要是根据建议的大小、经济效益的高低而定。

建议的内容非常广泛，大到每辆汽车的设计、组装的改革，小到怎样利用信封和短铅笔头。有些建议由于经济效益价值大，而获得了专利。如某职工提出改进汽车坐垫下面的弹簧建议，公司采纳后每月可节约开支240万日元，并且每天可减少两个人工。为此，他不仅获得了公司奖励的10万日元，而且在日本和美国申请了专利。

建议制度的实施得到了职工的积极拥护。1977年丰田汽车公司全体职工提出了46万多条合理化建议，每人平均10条，其中被采纳的达38万多条，为公司节省开支260多亿日元。

丰田公司的建议制度，使其产品质量越来越好，产品返销率和赔偿费直线下降，销售额急剧增加。

民主管理是丰田汽车工业公司管理制度最大的特点。丰田汽车工业公司提倡"人人有建议，人人有报酬"这种民主管理制度，使职工有了畅所欲言的权力，得到了职工的拥护，同时使产品质量得到了提高，各层目标得到了实现，最大限度地调度了员工的积极性，实践了杜拉克的参与管理"自我控制"的管理理论。

1950年，在丰田公司债台高筑、濒临破产时，公司接受了日本中央银行的建议，将汽车生产公司与销售公司分开。由于"产销"分开，各行其职，销售公司可以自行决定推销方式，表现出了高度的灵活性和强大的活力。

1977年，为了促进销售，销售公司建立了"推销责任区域制度"。这种制度就是在全丰田系统成立特约经销店，并根据汽车的类型，把经销店分为"丰田店、小丰田店、奥特牌店、花冠牌店"，每个经销店下设若干

第06章
目标管理：让员工干劲冲天

营业所。就这样，销售公司建立了四大系统的经销店252个，下属营业所2850个，共有推销员28000多名，形成了庞大的销售网络和销售队伍。在此基础上，明确划分出每一个经销店所属营业所的责任区域和每个推销员所负责的经销地段，使公司的流通网络星罗棋布。

为了牢牢控制自己的责任区域，公司制定了《责任区访问法》。访问的主要内容是：挨区访问，争取不漏一家一户；按行业一个一个地访问，收集各行业购买汽车的情报资料；针对购买汽车的大主顾，进行重点访问。此外，还有根据季节、汽车种类而进行的访问。

为了保证责任区最大限度地销售汽车，销售公司给推销员制定了销售汽车的定额。公司根据每个推销员的具体情况以及他们所在的地段，按月下达销售数额。一般新推销员每个月要售汽车13～14辆。经销店要求每一个推销员必须完成自己的销售数额。这种科学的分工、严格的管理，成为丰田公司数以百万计的汽车源源不断地售出的关键所在。

这些强有力的营销管理也是目标实现的手段。生产和销售搅拌在一起，是丰田汽车工业公司一大致命的弱点：拣了芝麻，丢了西瓜。丰田公司实现"产销"分开，各行其职，建立了"营销责任区域制度"。这样丰田汽车工业公司，层层有目标，人人有动力，为目标实现提供了保障。

目标管理又称为成果管理，是思想的产生及发展，是许多管理学家努力的成果。凡是工作状况和成果直接地、严重地影响着公司的生存和繁荣发展的地方，目标管理是必要的，而且希望管理者所能取得的成就必须来自企业目标的完成，他的成果必须用他对企业的成就有多大贡献来衡量。

其实目标管理思想在古典派经济管理大师泰勒的科学管理中初见端倪。对员工实行工资差别制，就是实现目标管理的一种表现。按照每个管理人员和工人的目标任务完成情况和实际成果大小来进行，以激励其工作热情，发挥其主动性和创造性。目标管理规定了每个人在一个特定时期完成的具体任务，从而使整个管理部门的工作能在特定的时刻内充分地融合为一体。所以，应当为公司所有子公司、工作人员规定具体目标，并且要及时评价实践，并用一个标准来评价。

现代文明时代任何人都主张推崇民主而拒绝独裁。管理者不是一位体育教练，而是一位实干家。管理者权力下放，有利于为职工创造一个舒适的工作舞台，而不是家长式的管理氛围。

目标管理的目的就是体现效益。一个好的目标会给公司带来竞争力，因此整体目标的确定要有前瞻性。传统的管理方式，往往容易犯主观主义错误。

制定企业各部门、员工目标一定要责任清楚、分工合理，这是前提。在制定目标时，一线员工和领导要畅所欲言，各抒己见，充分体现民主，这样才能使下面的目标与公司总体目标相协调，促进总体目标的实现。

总之，通过将组织的整体目标层层展开和具体落实以及正确确定下属人员的工作目标，就形成了组织目标体系。形成了组织目标体系之后，为了使组织目标得以实现，还需做好目标实施所需的各项准备工作。较高层次的管理者通过与其下属共同确定目标，根据下属完成目标所需的资源情况，组织内部确定并协调对各种资源的需要量，将组织可支配的各种资源与组织目标联系起来。在企业组织中，为实现目标所需做的准备工作包括：对经费的分配、人员的配备、技术资料、工艺装备、原材料、燃料、动力、劳动定额、设备检修以及技术组织措施和生产调度工作等。

在共同奋斗目标的指引下前进

共同的奋斗目标一般是指某个组织中的人所共同持有的意向，它能够创造出众人一体的感觉，并遍布到组织全面的活动中，而使各种不同的活动融汇起来。用美国学者彼得·圣洁的话说，如果有任何一种理念能够一直鼓舞人心、凝聚一群人，那么这一共同奋斗目标就能使组织长久不衰。

第06章
目标管理：让员工干劲冲天

现代管理学大师彼得·德鲁克说："并不是有了工作才有目标，而是相反，有了目标才能确定每个人的工作。"所以，在企业里领导班子成员应该首先建立共同的奋斗目标，才能实现对企业其他员工的领导和统筹作用，从而使企业具有强大的生命力。

队伍成员共同目标的建立，使企业发展有了一个出发点，就会让所有的力量朝着一个方向使，避免了企业内部力量的分散而导致的生产力低下。换句话说，团队的共同奋斗目标能够确定这个企业是一个怎样的企业：是生机勃勃前景光明的企业，还是混混沌沌、毫无生机，在衰败中挣扎的企业。

联想集团的精神领袖柳传志总结自己的成功经验时说："办企业有点儿像爬珠穆朗玛峰，目标是爬到山顶。不管是从北坡上，还是从南坡上，都能爬到山顶。但你做企业，你的队伍总不能一半人从南坡上，一半人从北坡上，这是不行的，大家要从同一个方向朝目标前进。只有这样，这个企业才会在竞争中有获胜的机会。"

"前车之辙，后车之鉴"，是联想人在十多年来形成的心智模式。在硅谷中关村，企业潮起潮落，联想总能置身于商战的潮头，其原因就是联想有与习俗不同的心智模式。"2010年进入世界500强"，这个愿景是联想人共同奋斗的结晶，是无限的创造力和驱动力，促进了联想企业文化的成熟。

柳传志在说到人力资源管理的时候强调一个重要工作，就是建立一支稳定的、高素质的，对企业目标、企业文化有强烈认同感和归属感的员工队伍。企业文化认同对于维护整体、保持战斗力具有重要作用。因此，公司采取几种行之有效的措施来保证员工对企业文化的认同，在员工中形成共同愿景，增强企业的凝聚力。首先，新员工进入联想之后都要接受"模式培训"，深入了解联想的历史、现状，接受企业文化的熏陶。其次，联想人善于通过开会来统一思想，贯彻企业文化和经营理念、决策准则。通过这些朴素而行之有效的措施，联想已形成稳定的企业文化和一支稳固的核心员工队伍。

自创业之初，联想就抱定了"要把联想办成一个长久的、有规模的高技术企业"的信念，并逐渐为自己定下了更清晰的目标：到2010年力争进入世界500强。现在，这个目标已深深根植于每个联想员工的内心深处，它就像一盏明亮的灯，指引着全体联想员工奋勇前进。同时，柳传志总裁也有着独特的魅力，能够把大家凝聚起来，指引大家向着目标前进。柳传志自己也曾说过：对于联想领导核心而言，最重要的工作是深刻理解市场运作的规律，认识企业管理的基本原则，并带动各层次的领导共同认识。建立共同愿景是联想企业文化建设的一个重要环节。

组织的共同奋斗目标是企业领导班子成员发自内心的愿望，并由此对企业员工也产生了不断的激励。因为队伍成员有了一种同心力，他们渴望能够归属于一项重要的任务、事业或使命，所以会被激发出无限的创造力。用彼得·德鲁克的话说，是因为"共同愿景会唤起人们的希望，特别是内生的共同愿景"。

共同的奋斗目标可以产生强大的驱动力，驱动团队成员产生追求目标的巨大勇气，并把这种勇气转化为自己发自内心的行动力。事实已经证明：如果没有一个强大的力量把人们拉向想要实现的目标，那么维持现状的力量将牢不可破。只有设定共同目标，才会引导人们一步步排除干扰，沿着正确的方向到达成功的彼岸。

伟大愿景创造梦想

杰克·韦尔奇是一位强硬的公司愿景拥护者。在他的著作《杰克：在领导一个伟大的公司和伟大的民族中我所学到的东西》中，他是这样说的："每当我有了一种想运用到这个组织中去的观点或者信息的时候，我

第 06 章
目标管理：让员工干劲冲天

从来都说不够。我在每次会议和每次考察中都会一次又一次地对它进行重复。我总是觉得我必须说到极致，好让大量的人们理解并追随这种观点。"

韦尔奇说："领导人，像罗斯福、丘吉尔和里根等人，他们有办法激励一些有才干的人，让他们把事情做得更好。而管理者呢，总是在复杂事务的细节里打转，这些人在'进行管理'的同时，'把事情弄得复杂'。他们往往试图去控制和抑制，把大量的时间浪费在琐碎的细节上。"

在被问到"你如何确保自己成为一个不进行微观管理的梦想家式领导人"的时候，韦尔奇这样回答："明文写下愿景；避免深陷细枝末节；雇用并提升那些最有能力将愿景转化为现实的人。领导人——你可以从罗斯福、丘吉尔和里根中任选一人——清晰地说出如何可以将事情做得更好，以此激励手下。"

韦尔奇是这样解释员工的力量和真正的领导艺术的："不可能有哪项业务能够离开替补席上的运动员。真正的领导艺术来自一个人的愿景的质量，以及此人激发他人尽情施展的能力。"最好的经理人并不用威吓胁迫进行领导（"我是老板，你得照我说的去做"），他们通过感召他人产生施展抱负的愿望来领导（"这是我为我们的未来设置的愿景，这样做你就能帮助它成为现实"）。

比如，他的关键性文化创意"群策群力"计划就是特别为确保每一名员工对企业应当如何运转都有发言权而设计的。通过引领员工为共同目标的奋斗，能有效地减少官僚主义、独断专行等阻碍员工才智发挥的障碍，为员工创造一个可以尽情施展的理想环境。

还有，20世纪80年代初，GE是一个工业革命时代遗留下来的庞然大物，韦尔奇坚信它一定可以成为市场上高价值的供应商，高效率运营的公司。为了达到这个愿景，韦尔奇不断加强公司的学习能力和适应变化的能力，从而推动了公司的改革，使GE成为了全球最成功的国际企业之一。

韦尔奇上任伊始，就提出数一数二的战略愿景。他说："我们要能够洞察到那些真正有前途的行业并加入其中，要在自己进入的每一个行业里做到数一数二的位置——无论是在精干、高效，还是成本控制、全球化经营方面。不这样做，80年代的公司将不会再出现在人们面前。我们必须做到数一数二，因为，如果我们对一项业务的长期竞争力没有有效的解决方案，那么终将有一天业务会陷入困境，这只不过是时间早晚的问题。"

韦尔奇认为GE的各项业务都要力争在市场占有率、在竞争力上达到业界数一数二，否则就要处理掉。追求数一数二，这正是韦尔奇掌舵后的GE的新战略愿景。在此后的20年里，这一愿景就像一面旗帜，指引GE从当年的美国十强之一，变成世界第一；从当年的大而有些僵化的"超级油轮"，变成最具活力的企业——"会跳舞的大象"。

凡是成功的企业，都拥有一个激动人心的"共同愿景"：

通用电气"使世界更光明"；

IBM公司"无论是一小步，还是一大步，都要带动人类的进步"；

苹果电脑公司"让每人拥有一台计算机"；

AT&T公司"建立全球电话服务网"。

我们来看看福特公司是如何做的。一百多年前，亨利·福特说他的愿景是："使每一个人都拥有一辆汽车。"很多人认为他疯了。但是，当他离开这个世界时，福特的T型车在美国卖出了1500多万辆，他的梦想已在当今的美国社会完全实现。在他的墓碑上刻着这样一句话："在他来到这个世界时，人们骑着马；当他离开这个世界时，人们开着车。"

正是亨利·福特伟大的愿景激励着福特公司的员工，为着一个伟大的梦想而奋斗，使福特公司成为世界上第二大汽车公司，也造就了福特公司这一伟大的团队。

目标明确，让员工有的放矢

在企业中，目标就像灯塔为航船指明前进方向。在鼓励员工为你打拼之前，企业管理者应该有一个明确的目标，并且为企业的每一个成员都制定一个定性定量的目标，让员工的激情与能力能够有的放矢，这样才能充分地发动每一位员工为企业的整体目标而奋斗。

目标设置要适时、合理、可行，并且与员工的切身利益紧密相关，这将成为能否有效激励员工为你打拼的关键。因此，如何正确设立目标是利用目标激励员工的关键。为了使目标的设立与管理更为科学、合理，企业管理者应遵循以下几条原则。

（1）将组织目标与个人目标相沟通

在现实中，几乎每个人都在心里给自己设定了追求的目标。但是，由许多个人目标所组成的目标就是"组织目标"了吗？当然不是。因为两者很难同时获得成功或很容易发生冲突，而且不仅仅在个人与个人的目标之间，即使在个人与组织的目标之间也经常会存在分歧。为了提高工作绩效，管理者必须使每一个员工对所有目标有一个清醒的共同认识。

管理者应该及时与下属进行沟通，促使员工理解个人目标与组织目标之间的关系并进行取舍。通常，那些看到组织目标与个人目标有直接关系的员工，更容易产生强烈的工作欲望和工作热情，这样实现组织的目标也就比较容易。

（2）目标设置要协调一致

要通过目标设置来激励员工为企业打拼，归根结底是要让个人目标与组织的目标相一致。组织的目标与个人的目标可能是平衡一致的，但大多数情况下二者会发生偏向，这种偏向会导致冲突发生，从而不利于员工积极性的调动，更不利于组织目标的实现。只有使这种偏向趋于平衡，即组织目标向量与个人目标向量间的夹角最小，才能使员工产生较强的心理内聚力，从而使员工为完成组织目标而奋斗。

（3）目标设置要具体明确

设立目标的目的是为了使所有员工的行动能够尽量统一，让大家具有共同的方向，从而使行动的效果达到最大化，这就必然要求目标的设置要明确。如果目标不明确，很容易对目标的理解产生分歧，从而影响目标执行的效果。

目标应该达到能精确观察和测量的程度。大量的研究结果证明，具体、明确的目标要比笼统、空泛的目标产生更高的绩效。例如，在制定每个月要达到的销售目标时，用具体的数字往往比含糊其辞的"尽最大努力""争取有所提高"等要有效得多。

（4）目标设置要适宜

很多时候，目标设置表现为一种选择，特别是在难易程度方面。设置目标时，其难度应以中等为宜，这个目标又被称为"零点五"目标。如果目标难度太大，员工容易失去信心；而难度过小又激发不出足够的激情与干劲。这两种情况都无法收到良好的激励效果，只有所谓的"跳一跳，够得着"的目标激励作用才最强。因此，作为目标的制定者，管理者在设置目标的时候，必须注意这个问题。

（5）目标设置要有可接受性

企业管理者应该明白，企业目标只有内化为员工个人的目标，才能对个人的行为产生激励作用。相反，如果组织目标无法内化为员工的个人目标，那么目标顺利执行并达到预期的效果就是不可能的。

让员工参与目标的制定要比单纯的指令性目标好。这是因为，员工参与目标的制定可以使其看到自己的责任和价值，同时可以把目标定得更合理，从而提高目标的可接受性。当员工愿意接受某一目标时，就表明他认同这一目标的可行性、合理性，更重要的是，这与员工自身的目的性相一致。那么,员工尽心尽力为这样的目标打拼自然是顺理成章的事情。

(6)目标设置要有可反馈性

在实现目标的过程中,如果员工能够得到及时、客观、不断的信息反馈,其受到的激励要比无任何反馈大得多。同时,员工获取行动效果的信息后,往往会主动发动或调整下一步的行动,这无疑将有利于取得更高绩效。

(7)设定充满乐趣的目标

管理者在用目标激励员工时,把游戏和竞争法则用于组织的工作及挖掘组织中员工的潜力也是非常可行的。管理者要善于运用图表、游戏和竞争的方法使目标变得充满个性与趣味,消除员工工作中过分的紧张。这样,员工必定会用实际行动给予企业相应的回报。

(8)制定有期限的目标

对有明确期限要求的目标,员工会全身心投入,以期在期限内完成。而对没有确切期限的目标则会无限期地拖下去,甚至遗忘。因此,领导者一旦制定一个目标,就应给出一个具体的、明确的期限,否则你马上就会充分体会到,没有期限的目标,很多时候是没有结果的。

企业的目标应该具有阶梯性,从企业的管理层到执行层都必须有一个清晰的目标。每个层次的目标都是为组织的总目标服务的,这样的目标管理系统才能起到激励整个企业员工的作用。

目标设定是员工"职业生涯计划"的一项重要内容,目标定得是否合理,决定着整个计划的成败。在员工的职业生涯设计中,企业管理者要注意以下几个问题。

(1)目标的设定应该适合每个员工的实际情况,而不是越高越好

企业的发展和个人的发展都是有一定条件、遵循一定规律的,脱离实际的目标是无法实现的。一个企业的员工不可能都成为管理者,那么员工的个人目标应该怎么定呢?

对大多数员工来讲，一个基本目标应该是通过长期的努力，使自己成为本岗位或者本专业的能手，成为"第一"。从敬业开始，使自己的能力得到提高，工作取得成就，成为一个对企业、对社会都有用的人。到这时，个人的收入和需求也就有了实现的可能。

（2）目标应该是阶段性的

员工的成长和企业发展一样，都有一个投入和产出的问题。对职业生涯来讲，投入的主要是学习和时间，而产出的是能力和成就。

实现目标需要一步一步地前进，企业管理者要确定一个一个阶段性的目标，把一个完整的目标变成一个一个的分目标。

将目标的实现分成若干阶段，这样既不至于使目标太大，难以激起员工的兴趣，又不至于使目标太小，让员工觉得没有意义。为实现最后的结果，就必须从最后位的目标开始，一步一步地向前位目标迈进，依次完成每个目标。最后位的目标必须最接近目前的状况，且尽可能地详细而现实。也就是说，最后位的目标必须是可以达成的。达成了以后，再以更高的目标为目的。

达到目标的过程或手段，规划得愈仔细愈好。愈上位的目标，其过程或手段可以愈概略。只要从下位目标一步一步地向上"爬"，最后的目标一定可以实现。

（3）实现目标最重要的是员工的素质

在实现目标的过程中，既要注重大的方面的提高和进步，也要注意员工成长过程中一些小的缺点和不足。比如：经常迟到或者不注意小节，像开会时手机响，衣着随便，在公共场合大声喧哗，还有做事拖拉，不能及时完成任务或者不及时汇报等等。

这些不足虽然不是什么严重的错误，但是对个人职业生涯计划的实现会带来极大的不利。一个人的良好的职业习惯和职业作风，是一个人树立应有的职业道德和专业能力的基础，不能在细小之处克服人性中的惰性就很难在激烈的竞争中脱颖而出,就很难使自己在本职岗位上争创第一。

规划美好蓝图,让员工充满信心

盖房子的时候,建筑师把自己的想法具体地表现在蓝图上,再依照蓝图完成建筑物。如果没有建筑师的具体规划就无法完成。同样的道理,企业在行动时也必须要有行动的蓝图,也就是精密的具体理想或目标。

人力资源管理的最佳境界就是把各个员工的理想、抱负与企业前途紧密地结合在一起,双方共同发展。员工认为企业有前途,才会留下来努力工作;相反地,如果员工对企业前途没有信心,就会产生一种前途未卜的恐惧心理以及对业绩成长的忧虑。在这种心理影响下,员工就会表现为混日子、悲观消极、缺乏责任心和事业心,甚至整天想着跳槽。这样的心态,当然对员工个人的成长和企业的发展都极为不利。

要使员工对企业前途充满信心,就要让员工了解企业的优势和发展目标及企业的美好前景。员工看见了企业发展的蓝图和目标,才会主动地把个人的事业和企业的前途紧密地连在一起。

明确的企业发展目标是调动员工积极性的有效手段,员工越了解公司目标,归属感越强,公司就越有向心力。

不断地提出适合企业发展的目标,让员工对企业前途充满信心,是松下先生的重要激励谋略。早在1932年,松下幸之助在向企业员工演讲使命感的时候,曾经描绘了一个在250年内达成使命的愿景。其内容是:把250年分成10个时间段,第一个时间段的25年,再分成3期,第一期的10年是致力于建设的时代;第二期的10年继续建设,并努力活动,称"活动时代";第三期的5年,一边继续活动,一边以这些建设的设施和活动的成果贡献于社会,称"贡献时代"。第一时间段以后的25年,是下一代继续努力的时代,同样要建设、活动、贡献。如此一代一代地传下去,直到第十个时间段，也就是250年以后，世间将不再有贫穷，而是变成一片繁荣富庶的乐土。

松下的这个规划，可以说是绝无仅有的，不仅在企业界未有先例，就是那些赫赫有名的政治改革家，也没有多少人有这样宏伟的规划。难能可贵的是，时至今日，可以说他的梦想正在一步一步地实现着。而更为现实的是，松下的这种规划让每个员工都拥有了灿烂辉煌的梦想，使员工对企业的前途充满了信心，从而提高了他们的工作热情和积极性，提高了工作效率，促进了企业的快速发展，其作用是不可估量的。

松下说："经营者的重大责任之一，就是让员工拥有梦想，并指出努力的目标。否则，就没有资格当领导。"

也许有人会说，松下电器之所以能够把梦想变为现实，完全是因为松下电器的经营一直都很顺利的缘故，如果经营状态不那么理想，松下先生的目标就不可能实现。实际上，企业经营顺利时，需要制定远景目标，把企业做大做强；经营出现困难时，更需要制定改进目标，凝聚人气，走出困境。战后的松下电器公司正处于惨淡经营之中，但松下先生却不曾因此放弃为公司制定目标。由于目标明确，松下电器公司才能在很短时间内就走出困境，续写昔日的辉煌。

如果是以强权或权威来压制一个人，这个人做起事来就失去了真正的动力。抓住人的期待并予以具体化，使其为了实现这个具体化的期待而努力，这就赋予了动力。因为具体化期待是能够实现的目标。善于激励人的管理者，能够将大家所期待的未来的愿景，着上艳丽的色彩。这愿景经过他的润饰后，就不再是微不足道的小事，而是形象生动的美好蓝图。大家对企业的未来充满了信心，热情自然高涨，士气自然高昂。

● 第 07 章 ●

有效的激励机制可以发掘员工的最大潜能

掌握赞美的技巧

"要成为一个优秀的管理人员,你必须了解赞美别人会使你成功,赞美是一种有效而不可思议的力量。"这是美国著名企业家玛丽·K.阿什的经验之谈。

一个企业或经济实体就是一个群体,表现出群体行为。管理者的因素是决定群体行为的重要力量之一。管理者在其位必须谋其政,要充分利用自己的每一束影响力来达到最后的领导效果。

赞美下属就是无数影响力中比较显眼的一束。赞美下属说起来如此重要,真正做起来也不难。下面是一些简单的赞美技巧,各位管理者不妨一睹为快。

(1)不要吝啬你的赞美

作为一个管理者,你要知道所有的人都有可能犯错误,有时批评不会有什么效果,赞美却有奇效。所以任何时候都不要吝啬你的赞美,何况说几句赞美的话又很简单。

卡耐基曾说:"给他一个超乎事实的美名,就像灰姑娘故事里的仙棒,点在他身上,会使他从头至尾焕然一新。"

假如一个好员工由于某种原因变成一个粗制滥造的家伙,你解雇他是完全没有用的,你责骂他也只会遭到他的怨恨,这时你不妨赞美一下。

亨利是一家汽车经销商服务部的经理,他的公司有一个工人工作每况愈下。但亨利没有对他吼叫或者解雇他,而是把他叫到办公室里去面对面地谈一谈。

他说:"比尔,你是一个很棒的技工,你在这条线上也工作了好几年了,你修的车子也让顾客很满意,其实有好多人赞美你的功夫深。可是最近,你完成一件工作的时间加长了,而且质量也比不上你以前的水准。你以前真是个杰出的技工，可是我想你一定知道，我对你现在的情况不太满意，也许我们可以一起来改正这个问题。"

比尔回答说他并不知道他没有尽好职责，并且向他的上司保证，他所做的工作并未超出他的专长之外，他一定去改进它。

比尔肯定会改正的，因为假如你尊重一个人，一般是容易诱导的，特别是当你是因为他具有某种才干而尊重他、赞美他的时候。

管理者的赞美就是对下属的肯定，你的赞美已经证明你能原谅他的缺点，为了达到你赞美他的样子，他肯定会改正缺点。

管理者的赞美的确比别人更加有效，假如你是一位想在管理方法上超越自我的管理者，想改变其他人的态度和举止，那么给他一点你的甜蜜赞美，用你的一点赞美让他改过自新，或者保持他的优秀。

（2）赞美要措辞适当、恰到好处

随便说几句人云亦云的话，赞美一个人或者一个集体，其实很简单。

赞美下属时，语言当然不可温吞，要具备应有的热度。如果任意贬低下属的优点或成就，那么就会打消他的积极性，影响今后工作的态度。但是不适当地拔高下属，人为地加上成就本身不具有的价值、意义，甚至流于俗气的夸捧，就会产生不良影响。会使受到称赞的人产生盲目自大的心理，误以为自己确有那样的成就，从而坠入"只见树木，不见森林"的迷雾之中，泯灭了发愤图强、努力开拓的意识。其次，会造成其他下属的心理失衡，人们崇拜的是真正的榜样，而不是人为塑造的"泥像"。对于名不副实的"典型"，人们会由不服气到猜疑，甚至讨厌，怀疑他是否给管理者行贿？是否跟管理者有一腿？这样不但起不到应有的示范作用，反而会离散下属之间的凝聚力，甚至还会给管理者增添许多不必要的烦恼。

赞美贵就贵在恰到好处。

一个档次较高的印刷厂，对印刷成品的质量要求非常精细，但印刷员是位新来者，他不大适应自己的工作。他的主管很不高兴，想解雇他。

当厂长罗伯特先生了解到这个情形以后，亲自去跟这位年轻人谈了一次。罗伯特告诉他，对他刚干的工作，自己非常满意，对于一个刚来的新手，做出如此精美的印刷品是难得的。罗伯特还指出了好在哪里，以及这位年轻人对公司的重要性，最后说出了应该改进的细枝末节。

这能不影响这位年轻人的工作态度吗？一段时间后，他就成为一位非常优秀的工人了。罗伯特先生措辞适当的赞美是每一位管理者的楷模。

要知道，任何一个人都有长处和短处，所以肯定和赞扬的内容决不可采取孤立截取的方式，管理者愈是在常人不曾看到之处，独具慧眼地发现下属的短中之长，那么管理者的威信和可信度就能有较大提高。

管理者要善于通过对下属的肯定和赞美，帮助下属在"成功容易却艰难"的喟叹之中，深入地考查，找到成功的内外因，并发现不足，引发缺憾，下一步的目标与任务也就明显地确立，激励他们继续做好下一步。

赞美下属不啻于是给下属一份最好的礼物，但决不能只是几句空泛的大话。比如，当一位下级在困难的条件下攻克了某个重要的项目后，管理者如果这样赞扬："世上无难事，只怕有心人。海阔凭鱼跃，天高任鸟飞。××同志的行动充分体现了新时期青年的拼搏意识和革命英雄主义！"这样的赞语似乎要追求那种宏阔气派的效果，但适得其反，还不如赞美一下这项技术的用途和影响等方面让人感到贴切、恰当。

（3）放下架子，真诚恳切

赞美要真诚，要发自你心中，是你的肺腑之言，真诚的赞美才能被接受、被理解。如果你老是摆出领导的架子，生硬古板、飞扬跋扈，对下属取得的成就侧目而视，就会失去他们的信任，对你产生厌恶感，不服从你的领导，甚至会跳槽。你放下架子，真诚恳切，那么你的感情投资就一定会得到回报。

一天，一位原来在公司担任部门领导职务的有才干的年轻人B君，忽然辞职走了。李总经理得知他是被聘到一家酒店做经理，于是便亲自找

第07章
有效的激励机制可以发掘员工的最大潜能

到了那家酒店。原先的老板主动来喝酒,这使那位刚辞职的B君深感意外,但他想躲开已经来不及了,只好笑脸相迎,请李总喝酒,他在一旁陪着。两个人细饮慢说,李总笑容可掬,情绪不错。他与这位过去的手下拉扯起一些一起创业过关斩将的往事,讲得眉飞色舞。随后,才谈到B君的近况,他兴致勃勃地问:"很好吧?是不是干得很顺手?"B君当然要把现状好好描绘一番:很受老板的赏识;当上经理以后,手下协作也不错;初步估算,在年内可以赢利50万元。一边说一边觉得很畅快。李总淡然一笑,说:"四五十万元吗?我认为太少了。""就这么个小小的酒店,一年赚这么多已经很不错了……"B君小声地辩解道。

李总一本正经地说:"照我看,以你的才能一年应该赚几百万元,你太不自信了。在这个小地方藏不下你这条蛟龙,所以我看你在这儿是大材小用啊!还是回去跟我干,怎么样?"

B君感到非常意外,说:"李总,你不是开玩笑吧?我刚出来,你还要我回去……"李总慢悠悠地说:"我想问题和做事情向来都是认真的。"B君为难地苦笑:"我连公司的房子都退了,回去还有位置吗?"

李总道:"你错了,我们公司的一贯做法是重用人才,你在小酒店里太屈才。所以留下这句话:你愿不愿来,我都等着你。"

B君果然返回公司,一年后,经过东拼西杀,为公司获利几百万元。

我们都渴望被赏识和赞美,而且会不计一切地去得到它,但是没有人会理会阿谀奉承这种不诚恳的东西,也没有人稀罕那些居高临下的美言。领导者自然不会对下属阿谀,但是居高临下的美言却时常会显现出来。

卡耐基有一个原则:赞美最细小的进步,而且是赞美每一次进步,要诚恳地认同和慷慨地赞美。惟有放下架子,真诚恳切,才能做到这些。诚意就是万灵丹,威廉·詹姆斯告诉我们:"若与我们的潜能相比,我们只处于半醒状态。我们只利用了我们肉体和心智能源的很少一部分,往大处讲,每个人离他的极限还远得很,他拥有各种能力,但往往习惯性地未能运用它。"

记住,赞美的前提是忘记你是领导,放下架子,真诚恳切地去赞美别人的每一个长处。

激励要因人而异

激励是发掘员工潜能的最佳方法,而激励方式千差万别,使用哪一种方式因人而异。如今,在企业界,有下面两种简单而常用的方法。

(1)竞争激励

竞争激励是激励中最有效的手段。其实,在社会生活中,人人都有不甘人后的心理,没有一个人肯总是跟在别人背后。正是由于人有这种天性,所以在管理工作中,如果采取适当的竞争激励,就可激发人们的竞争天性,激发潜力,形成你追我赶的局面。竞争产生的活力,使员工有了活力,企业也就有了活力。

卫斯廷·豪斯管理下面的职员,便是用这种方法。有一次他对一个一向很努力的熟练工人米勒说:"米勒,我知道你做事一向认真,可是为什么我叫你做的事常常不能及时完成呢?你为什么不能像赫尔那么快呢?"

他对赫尔却这么说:"赫尔,你为什么不向米勒学习呢?他最近做事比以前快多了。"

过了不久,赫尔因为公事出外旅行刚回来,卫斯廷·豪斯便留下一张纸条叫他做好一个铸件,马上送到铁道开关及信号制造厂去。

这个条子是星期六写的,但是在星期日早上赫尔便把这件事办好了。星期日,卫斯廷·豪斯在制造厂看见赫尔便问:"赫尔,你看见我留下的纸条了吗?"

"看见了。"

第07章
有效的激励机制可以发掘员工的最大潜能

"你何时去铸呢?"

"已经铸了。"

"啊,什么时候可以铸好呢?"

"已经铸好了。"

"真的吗?现在在哪里呢?"

"已经送到制造厂里去了。"

卫斯廷·豪斯听了无话可讲。他看到这种用竞争的方法激励工人赶快做事的效果如此之好,实在感到很惊奇。而在赫尔方面,他看到老板那种嘉许的态度,自己也觉得非常快乐。

再看一个例子:

在兴旺发达的企业里,文书工作以及从事文书工作的人往往受到轻视。费城的 NCO 财务系统公司是一家拥有 150 万美元资产的代理托收机构。该公司的创始人迈克尔·巴利斯特专门为管理数据输入的职员制定了一个奖励办法,从而解决了文书工作方面存在的问题,工作效率平均提高了 25%。按巴利斯特的说法,这使他不必再雇用、培训和管理一个职员,可是工作质量并没有因此而下降。

每天下班时,只要工作没有留下尾巴,该公司的 7 位文书都可以得到一个计分点,到月底时,他们中的 3 位工作最出色的可以分别得到 250 美元、200 美元、150 美元的奖励。为了使其他几位不至于泄气,公司还为他们准备了一个 100 美元的幸运抽奖。

巴利斯特说:"在我们公司里,以往是除了这几位文书外,其他的人都有机会竞争某种奖励或参加某种竞赛,现在大家都感到公平了。"

竞争的确是好的激励方法,然而要真正保障竞争手段达到效果,必须注意:

①要保证公平。如果没有公平的竞争,竞争也就失去了意义,相反,还会激化企业员工的内部矛盾,影响企业的发展。

②竞争形式要多样化。单一的竞争往往会使人感到枯燥，这是由人的天性决定的。单一竞争久了，没有新鲜感，也达不到竞争的目的。

③竞争最好采用团体方式。集体内部竞争是鼓励创新的最好办法之一。例如 IBM 公司将同一生产线的员工分为几个小组，并相互比较，看哪一组能采用最好的技术及办法，这种集体智慧的竞争更容易作出成绩。

（2）晋升激励

很多员工在企业中有了一定的物质基础后，希望自己有更高的职位。这有两种动机驱使：一是一般人功名利禄心都很强，如果满足其功名之心，自然会对他产生很大的激励作用。二是希望能更好地锻炼自己，发挥自己的才能，当然，这是在自己认为在企业内部表现出色、成绩突出的基础上。这时，如果领导不提拔他，给他以晋升，会导致相反的效果，热情降低。

在很多不断发展的公司里，都有一套完整的晋升机制，如果员工达到了一定的要求，领导也认为其有能力承担更大的责任，就会给予他更高的职位。

微软公司设立的晋升制度，不仅使人们在部门内部升迁时产生激励作用，还能在不同的职能部门之间建立起某种可比性。微软通过在每个专业里设立"技术级别"来达到这个目的。

这种级别用数字表示（按照不同职能部门，起始点是大学毕业生 9 或 10 级，一直到 13、14、15 级）。这些级别既反映了人们在公司的表现及基本技能，也反映了经验阅历。升迁要经过高级管理层的审批，并与报酬直接挂钩。这种制度能帮助经理们招收开发员并"建立与之相匹配的工资方案"。

物质与精神奖励相得益彰

物质奖励是满足员工的物质需要，它是由员工具有物质动因决定的，物质奖励简单又实用。精神奖励是给员工以精神上的动力，以满足其心理动因的需要。二者能结合起来，必能相得益彰，发挥奇妙的作用。

IBM公司为了充分调动员工的积极性，采取了各种奖励办法，既有物质的，也有精神的，两者相结合，从而使员工将自己的切身利益与整个公司的荣辱联系在一起。例如，该公司有个惯例，就是为工作成绩列入前85%以内的销售人员举行隆重的庆祝活动，公司里所有人都参加"100%俱乐部"举办的为期数天的联欢会，而排在前3%的销售人员还会荣获"金圈奖"。

为了表示这项活动的重要性，选择举办联欢会的地点也很讲究，例如到具有异国情调的百慕大或马略卡岛举行。有一个曾获得过"埃米"金像奖的电视制片人参加了该俱乐部1984年的"金圈奖"颁奖活动，他说IBM组织的每日"轻歌剧表演"具有百老汇水平。当然，对于那些有幸获得"金圈奖"的人来说，就更有荣耀感，有几个"金圈奖"获得者在他们过去的工作中曾20次被评选进入"100%俱乐部"，因而，在颁奖活动期间，分几次放映有关他们本人及家庭的纪录影片，每人约占5分钟左右，影片质量与制片厂的质量不相上下。颁奖活动的所有动人情景难以用语言描绘，特别应指出的是，公司的高层领导自始至终参加，更激起人们的热情。

此外，该公司有时还会作出一些出人意料的决定，以增加公司的凝聚力。有一个员工的业务名片上有一些蓝颜色镀金边的盾牌，这是他25年工龄荣誉徽章的复制图样，同时上边还印着烫金的压缩字："国际商用机器公司，25年的忠诚。"这就巧妙地告诉你，公司感激你25年来的努力工作，员工拿着这张名片，可以同认识他的每一个朋友分享这一荣誉。

对于公司来说，这件事做起来并不难，但是它在员工的心目中激起的感情波澜却是巨大的。由此可见，IBM 公司激励人们的办法是何等精明。

放入"鲇鱼"，让员工保持紧张感

挪威人的渔船返回港湾，鱼贩子们都挤上来买鱼。可是渔民们捕来的沙丁鱼已经死了，只能低价处理。只有汉斯捕来的沙丁鱼还是活蹦乱跳的。商人们纷纷涌向汉斯："我出高价，卖给我吧！"

"卖给我吧！"

有人问他："你用什么办法使沙丁鱼活下来呢？"

"你们去看看我的鱼槽吧！"

原来，汉斯的鱼槽里有一条活泼的鲇鱼到处乱窜，使沙丁鱼们紧张起来，加速游动，因而它们才存活下来。

其实激励人的道理也是一样。一个公司如果人员长期稳定，就会缺乏新鲜感和活力，从而使公司员工产生惰性。因此，管理人员就应该请来一条"鲇鱼"，让他担任部门的新领导，让公司上下的"沙丁鱼"们立刻产生紧张感。"你看新班长工作速度多快呀！""我们也加紧干吧，不然要被炒鱿鱼了。"这就产生了"鲇鱼效应"。这样，整个公司的工作效率不断提高，利润自然是翻着筋斗上升。下面的例子就是最好的证明。

1991 年 12 月，约玛·奥利拉被诺基亚董事会任命为新的总裁。这个决定令奥利拉大吃一惊："我毫无准备，而且我也并不觊觎这个职位，但我还是知道自己该做些什么。"

诺基亚的员工对这个新总裁可没什么指望的。奥利拉也显得有点缺乏信心。但奥利拉信心的增长和诺基亚业绩的提高成正比。

1992 年最后一个季度的数据已显示出效益的增长。到 1993 年，诺基

第 07 章
有效的激励机制可以发掘员工的最大潜能

亚已经摆脱危机的阴影走向光明。随着收益曲线的上升，奥利拉的信任度也以同样的速度增长。他有了自信，更辛勤地穿梭于世界各地诺基亚的企业。

奥利拉最让人看不懂的就是开始"变卖"家产。这让诺基亚"老人儿"心疼。人们不理解约玛·奥利拉的宏伟计划。他告诉人们：把其他部门卖掉，就是为了保证移动网络和移动电话业务的持续发展。

芬兰人一致认为，约玛·奥利拉坚定而快速地转向电信业的发展规划以及出售诺基亚其他部门的行为具有天才的创意。因为有了奥利拉，这就变得更加可能。毕竟奥利拉是作为诺基亚移动电话部门的主管而且身经百战后成为公司总裁的，他血管中流动的都是电信的血。

1992年，诺基亚的实力（利润）如下（100万瑞典克朗）：移动电话，655；电信640；电视机制造，-1176；电缆、机械，171；其他，139。

就是再傻的人也看得出，电视机制造部门应该淘汰了，而电缆和"其他"业务也应该给电信部门让位。事实也是如此。到最终任务完成时，奥利拉总是把战功记在员工身上，把自己说成是"总推销员"。多么谦虚的一个人啊！

奥利拉最看重的就是他的组织。奥利拉严格要求，公司的产品应该完好无损地出厂，所有的配件应该轻松获取，在工序中都不应该出现瓶颈。员工们必须百分之百地将注意力集中在诺基亚发展战略上。

奥利拉最大的实力就在于对他人的理解，他总是能为合适的人找到合适的工作。各个阶层的员工不断地变换岗位，接受新的挑战。在走向工作岗位前，所有诺基亚的新员工都会得到一个手册。上面写着这样一句话："你为诺基亚做得越多，诺基亚也能为你做得越多。"

奥利拉的成功管理就在于放入了活泼的"鲇鱼"，让员工保持了适度的紧张感，尽力去发挥潜能。

斥骂激励让员工知耻而后勇

虽然称赞的话谁都爱听，一般人都喜欢用称赞来激励别人，然而，斥骂也是一种简单有效的激励。尤其在关键时刻往往更能激起人的自尊心和好胜心，"知耻而后勇"完成一些极为艰巨的任务。

鲍洛奇坚信这样一种观点：要想管理一个企业，就必须完全摒弃个人的感情因素。他只能根据客观效果评价员工的工作成绩。工作成绩好，无论出力与否，他都加以表彰；工作成绩欠佳，再努力也免不了挨一顿狂批。

有一次，美国食品大王鲍洛奇准备建一座新的加工厂，有人向他介绍了一个地方，还特意为他提供了那儿的一些关系。鲍洛奇派了一名很善于交际的手下去对新厂址进行检查，并把一份公关名单交给了他，让他与这些人搞好关系，多倾听他们的意见。

过了一段时间，鲍洛奇前去视察工作，他发现，那位负责人与当地名流关系非常融洽，大家都表示愿意为鲍洛奇的新厂提供帮助。然而，这位善于交际的负责人却忽略了新厂的用水问题。他既不了解新厂用水的费用，也没有搞清楚他们自行钻井取水的相关权利问题。在返程的飞机上，鲍洛奇对那位负责人表达了他的不满。

"可我对其他的问题都处理得非常妥善，不是吗？"那位负责人很不服气。

"假如你是这架飞机的驾驶员，"鲍洛奇一脸严肃地说，"你招来了很多顾客，却因为没有排除飞机上的一个隐患问题，最后你会把大家都扔到海里去喂鱼。"他说完便转身离开了，留下那位负责人一个人在那里发呆。

飞机降落之后，那位负责人立即搭乘返程的飞机回去，彻底解决了用水的隐患。

第07章
有效的激励机制可以发掘员工的最大潜能

还有一次,鲍洛奇鉴于产品需求越来越大,决定兴建一座新的加工厂。他派了一批得力干将负责新厂的建设。他本人只是在预定开工日期前三个星期,才乘飞机前去查看工作的进展情况。

飞机飞到那里,已是晚上九点多钟了,鲍洛奇径直乘车前往新厂房视察。到达厂址时他发现,厂房里还没有装好电灯,只在厂地中间临时装了一个电灯泡照明。昏黄的灯光下,四周乱七八糟堆放的东西显得一片狼藉。

鲍洛奇回过头去看他的工作人员,在暗淡的灯光下,他的爱将们满脸疲倦,强打精神挤出一种极不自然的笑。

鲍洛奇默默地看着这些手下,从他们的脸色中不难看出工作很艰辛。然而,他知道,新厂如果不能如期开工,将会使整个公司陷入一片混乱。

"我看了这里的情形,简直糟透了!别说三个星期,三个月之内能够开工就不错了。看看你们,一个个垂头丧气的,这是做工作的样子吗?"

说完这一番话,鲍洛奇拂袖而去,丝毫不管爱将们的满腹委屈。当工厂按时开工时,一位手下告诉鲍洛奇:"您的不通情理激怒了我们,我们决心让您知道我们的厉害。不过,工厂能如期开工,真要多亏您对我们的刺激,它激发了大家的好胜心,使我们创造了奇迹。"听了这些话,鲍洛奇露出了得意的笑容。

鲍洛奇这种完全不近人情的管理方式,许多人表示不理解,甚至有的人因此给他冠上了"暴君"的称呼。鲍洛奇却仍旧是我行我素。他认为自己的这种管理方式恰恰是考虑到员工们最根本的要求。

每个到公司来工作的人,都希望能够有机会发挥自己的本领,希望能够拿到更高的薪水,因此,如果对每个人的疏忽都听之任之,就会造成赏罚不明:优秀的员工得不到应有的荣誉,善于找借口的人反而会得意洋洋,长此以往,员工的创造性和进取心将会受挫。这是鲍洛奇绝对不能容忍的,而真正具有事业心的员工也会对此失望。

也许鲍洛奇是对的。他的斥骂管理术虽然不近人情，但却给公司带来了效率，也在企业内部形成了一种直率、公平的风气。水涨船高，公司也因此得到了大发展。

其实，人是一种非常奇妙的感情动物，他似乎有无穷的潜力，但经常又很容易陷入情感的漩涡中不能自拔。一句热情的鼓励会令人信心百倍，可强硬的命令却会使人产生不满。对此，如能采用激励式的管理方法往往能收到意想不到的效果。

每个人对自己都有着很高的期望值。他们认为自己拥有别人所没有的某项特长，同时也希望别人能够承认这一点。当一个人自我感觉良好的时候，他会变得很坚强，很有干劲，他会想方设法来表现自己，这时往往会收到"百尺竿头，更进一步"的效果。相反，当一个人所联想到的不是成功的喜悦而是失败的懊丧时，他就可能垂头丧气，心灰意冷。聪明的管理者从不会运用制度的强制力来达到目的。他们总是尽可能从感情上激发部属的信心，通过员工对自己自觉的管理代替制度的约束。

了解员工的需要

"雪中送炭"之所以能让人感动万分，原因很简单，那是因为送出的"炭"恰是他之所需。激励也是这样，若能先了解员工之所需，一定能最大程度调动员工的积极性。

假如你看到体重达8600千克的大鲸鱼跃出水面6.6米，并为你表演各种动作，我想你一定会发出惊叹，将这视为奇迹。而确实有这么一只创造奇迹的鲸鱼。这只鲸鱼的训练师向外界披露了训练的奥秘：在开始时他们先把绳子放在水面下，使鲸鱼不得不从绳子上方通过，鲸鱼每次经过绳子上方就会得到奖励，得到鱼吃，会有人拍拍它并和它玩，训练师以此对这只鲸鱼表示鼓励。当鲸鱼从绳子上方通过的次数逐渐多于从下方经过的次数时，训练师就会把绳子提高，只不过提高的速度必须很慢，不至于让鲸鱼因为过多的失败而沮丧。这只鲸鱼飞跃过这一可载入吉尼斯世界纪录的高度，所需要的仅仅是不断激励的力量。

对一只鲸鱼如此，对于聪明的人类来说更是这样。鼓励、赞赏和肯定，会使一个人的潜能得到最大限度的发挥。上司对下属，不要期望太高，看到对方的每一个进步，及时予以鼓励和肯定，每次小小的进步都使他们心里多些成就感，激励着他们往前冲刺，逐渐取得更大的成绩。

人们工作是为了更好地生存和发展，这就有金钱和职位等方面的愿望，但除此之外，人们更加追求个人荣誉。一份民意测验结果表明，89％的人希望自己的领导给自己以好的评价，只有2％的人认为领导的赞扬无所谓。当被问及为什么工作时，92％的人选择了个人发展的需要。而人的发展的需要是全面的，不仅包括物质利益方面，还包括名誉、地位等精神方面。在单位里，大部分人都能兢兢业业地完成本职工作，每个人都渴望受到上司的重视。下面有一些关于激励的简单知识不妨一阅。

（1）正确认识激励

能够激励一个人的方式与激励另一个人的方式往往大相径庭。因为圆满完成工作而给予表扬，某个员工会因此干劲倍增，另一个员工却可能无动于衷。

很难给积极性和激励因素下一个定义。在激励因素方面，许多管理者抱有不实际的想法，比如：

①钱是有效的激励因素。钱是必需的，但如果没有赞许、参与和沟通的配合，钱也一样无法使员工愉快并保持较高的效率。

②积极性等于生产率。积极性是一种动力，但无法直接度量。而生产率可以用完成任务的多少来计量。管理者的一项职责就是确定哪些因素能激发积极性，因为积极性反过来又可以提高生产率。

③管理者能激励员工的积极性。没人能使抽烟的人不抽烟，也没人能

使嗜赌的人不赌钱。没有哪位管理者能直接调动员工的积极性。只要员工有未满足的个人需要，积极性就可能被调动起来。他们会采取自觉行动来满足个人需要。

④愉快的员工就是生产力。愉快的员工是愉快的，仅此而已。

⑤激励因素是万能的。不，绝不是万能的。一个员工可能因为管理者记住了他的生日而高兴，并使产量增加一倍；一个员工可能对授予他年度员工奖不屑一顾，生产量也未必有所提高；还有一些员工一向干劲冲天，他们的工作环境好像没有任何激励因素，然而他们始终最大限度地或超负荷工作。

⑥消极因素可用来激励积极性。在改变行为方面，负强化（用否定或惩罚的办法使消极行为减弱或消退）不如正强化（用肯定或奖励的办法使积极行为巩固和持续）有效。但有时惩罚也是必不可少的。

⑦管理者不必先有积极性就能调动员工的积极性。为一个对工作没有热情的老板工作，不会是件愉快的事。因此，如果你的劲头不大，不要在员工面前表现出来，那样的话，只会使问题复杂化。

⑧员工的积极性是否被调动起来了能被看出来。积极性不能用"微笑计"计量出来。有些员工生性冷漠，表面上缺乏生气却未必是缺乏积极性的表现。

⑨要是四个员工中有三个人的积极性被调动起来了，就没有什么可发愁的了。即使一个部门中只有一个人的积极性有问题，他的那种情绪也极易传给别人。必须设法针对全体员工，采取额外激励措施。在能防止不满意员工散布消极情绪的地方常开些会。

（2）了解员工的心理需求

员工们究竟需要什么，以及怎样去满足他们的需要呢？下面给出了一些答案。

①确定奋斗目标。清楚而又具体的奋斗目标，可使整个公司感到工

作秩序井然，有目的性。奋斗目标能使管理者和员工们更清楚地认识公司的各项目标。一旦奋斗目标确定了，管理层便能依据公司和工人的要求作各项决定。同时，一旦奋斗目标开始实现，公司与员工双方的信心也就增加了。

②加强交流。无论是为了传达信息，还是为了表扬或批评，交流都是一种很重要的激励因素。下面两个方法有助于你更有效地进行交流。

第一种方法是举行正式或非正式的交流会。具体形式视情况而定。

魁北克的一个纸浆加工机器制造商海曼·尔特召开过一个由员工和顾客参加的独特的交流会。顾客们表示了对公司的产品和服务工作的一些意见，员工们则担负回答顾客问题并且努力解决问题的全面责任。顾客们的参与促使公司改进发货手续和管理等方面的工作。

管理者实行"开门政策"，这不仅意味着管理者办公室的门应该敞开，更为重要的是要随时乐于聆听员工的建议、问题或意见。

第二种方法是经常反馈。管理者应对员工的工作情况作出反馈。不仅是为了最大限度地提高生产力，也是为了发挥他们的技能并使他们和你一起进步。当员工达到或超过双方共同制定的要求时，便给予表扬。还应该提供适当的负反馈（即提出批评），好使员工们在各自的岗位上学习或成长。

③尽量让员工参与。3M、埃克森、数字设备等公司的员工特别作业小组能够解决从简到繁的各种问题，这就是参与。丰田汽车公司的普通员工每年都要给上司提供18种想法，其中90%都得到采用。仅一年内采纳的50万条建议就使公司每年节约2.3亿美元，这也是参与。吸引员工参与，就可以获得有助于决策的信息，还能有效地调动员工积极性，提高生产率。

④丰富工作内容。内容丰富多彩的工作能够满足员工在成就、赞许、满足、责任和晋升等方面的需要。

⑤扩大工作范围,增加工作任务。要求他们运用更多的知识和技能,同时自由度和责任也更大。

⑥调整工作,增加工作深度。要求更高级的知识与技能。给予员工计划及控制其他工作的机会。

⑦轮换工作,使员工经常从事不同工作。轮换可以在部门内或部门间进行。这样做可以使其工作经历多样化并防止产生厌倦情绪。

把赞扬当作一件礼物

马克·吐温说:"得到一次赞扬,我可以多活两个月。"公开表扬是用来鼓舞一个人的热情,提高他们积极性的最简单和强有力的方法。

在许多作为管理者的老板看来,激励员工好好工作的简单方法有两种:奖励和惩处。就人的本性而言,人们都希望干些愉快的事,不干挨斗的事。如果员工是按照老板吩咐的去做,那就会奖励他们、认可他们,这是员工心里想要的。如果不按老板说的去做,老板就杀一儆百,予以惩处,如警告、指责、降级察看、辞退解雇,这是员工不想要的。

值得注意的是,美国俄亥俄州州立大学的行为科学研究结果表明,随着日月的流逝,肯定他人要比否定他人效果好。"要想把飞虫逮住,多用蜜不用醋。"常常鼓励、多支持是更为有效的激励手段。当然在万不得已时,采用惩罚措施也是必要的,但万万不要出此损招有心整人。想尽千方百计去发现值得鼓励的行为,多加酬奖。到头来,谁都愿意在你的领导下干活。

每个对工作尽心尽力的人都需要得到别人的肯定。报酬固然重要,但多数员工认为获得报酬只是一种权利,是他们工作付出的交换。正如管理顾问R.M.坎特所言:"报酬是一种权利;给予肯定则是一件礼物。"

许许多多的研究表明,最能激发员工全力以赴、高水平发挥的是给予他们赞扬与肯定。除应得的薪水之外，人们更需要感到他们在工作中作出了一份贡献，他们的努力有成果并得到企业赏识。

尤其是现在，企业结构日益精练，管理者往往要承受来自上上下下的各方压力。许多管理者称，他们忙得根本无暇与人交谈。没有交流，他们就失去了本可从员工中获得的宝贵反馈。

如果管理者希望将员工的注意力集中到人们工作的正面事项中，而不只是对人们的差错作反应，那么，他们可以使用给予肯定这一工具来引导员工行为。

一声真诚的感谢，既表达了你对员工某种行为或价值的欣赏，如坦诚、正直等，也能大大鼓舞员工继续表现出你所看重的行为，使这种行为渐渐蔚然成风。它所反映出来的不仅是你的工作责任，更看出你掌握全局、着眼整个工作环境的能力。

感人肺腑的真诚关心

美国斯凯朗电视公司的总裁阿瑟·利维为了研制闭路电视，曾录用了一位颇有干劲的青年人比尔。比尔一上任便一头钻进了实验室，整整干了一个星期。在工作最紧张的时候，比尔一连40多个小时都没有离开实验台，连吃的东西都是请人送去的。工作告一段落后，比尔在床上睡了一天一夜，当他醒来时，好像老了10多岁。

此情此景使利维深受感动，他拉着比尔的手说："要是你再不改变一下工作方式，我就要停止新产品的研制工作。"

"为什么？"比尔一听要停止研究工作，心里不免有些紧张。

"因为像你这样不分昼夜地工作，不等新产品问世人就垮了。我宁愿不做这种生意，也不能赔上你这条命。"利维的话，确实感人肺腑。

比尔有些激动了："不会的，凡从事这种研究的人都是这样工作的，很难改变。"

利维有些伤感地说:"是的,搞研究的人少有长寿者,但我希望你能节约一点。虽然我们相处的时间不长,可我知道你是竭尽全力地干这项工作。你的心意我领了。就是研究不成功,我也不会怪你。"

比尔的心被深深地震动了。

仅此一番话,使比尔的心理发生了极大的变化。他不再是为了工资、为了个人吃饭而工作,而是把研制新产品当作他和利维的共同事业,怀着一种士为知己者死的心情以一当十,夜以继日地工作着。不到半年时间,闭路电视就研究成功了。闭路电视的问世,为利维公司的进一步发展开辟了广阔前景。

由此可见,激发部下的干劲,就是如此简单,它并不需要特意花费很大力气,也不一定要花大量金钱、给予优厚的待遇,有时一句深情的话、一种真诚的关怀,就可以使下属真诚地服从你的领导,心甘情愿地为你拼命工作。

掌握激励机制的秘诀

激励中,有一些简单的技巧,例如什么时候奖励最好?奖励是纯物质的,还是纯精神的,还是两者相结合?奖励应以什么为标准……若能掌握则可达到事半功倍的效果。

(1)激励要有奖有惩,奖罚分明

人是有生命的动物,既有长处,又会有短处;既能在特定条件下表现好,又能在某种条件下表现不足。奖励的目的是扬长避短,因而奖励是一种"扬长",但是为了"避短"又需要一定的惩罚。只有奖励与惩罚相结合,才能真正使长处更长,短处最短。

但是奖励与惩罚所占的位置是不一样的,奖励是主流,对于一些不是原则上的短处尽可以少惩罚或者不惩罚。美国 MACK 公司老总奥斯威曾说过："我们会尽量了解他的优点，少知道他的缺点。"

日本 PK 公司是一家专门生产 Y 型劳动保护鞋的企业，由日本和中国国际信托投资公司投资合营。投资后，当年盈利 16 万美元，次年盈利 78.6 万美元，其中主要一招就是奖罚分明，科学奖励。

PK 公司员工平均年龄仅为 19.7 岁，90% 以上的员工是刚走出校门的小青年，刚进厂时思想单纯幼稚，组织纪律性较差，工作自由散漫。为此，公司必须用经济手段，根据"奖勤罚懒，奖优罚劣"的原则，对各级管理人员和生产工人进行严格的管理，收到良好的效果。

PK 公司对员工规定 6 个不准：上班不看报，不闲聊，不办私事，不打私人电话，私人不会客，不离岗。若违反厂规厂纪均按情节轻重予以处罚。例如：女工不戴工作头巾者罚款 1 元，把饭菜端进工作场所者罚 5～10 元，随地吐痰者罚款 4～7 元；凡旷工者一律解雇等。

各种不同处分（包括解雇，停发奖金，延长学徒期限，大会检讨和罚款等）的决定均由班组公布，以示警戒。对严重违反公司规章制度和破坏劳动纪律的员工，在征得工会组织的同意后，则要辞退或解雇。严格的厂规厂纪和各级管理人员身先士卒的表率作用，使公司形成人人勤奋工作、个个力求上进的良好风气。

在严格劳动纪律的同时，该公司也采取奖励手段促使工人努力生产，关心公司的经济效益。PK 公司的工资制度是"基本工资＋附加工资＋浮动工资（凡完成平均先进定额的，按基本工资增加 5%）＋奖金"。奖金发放的原则是多超多奖，少超少奖，上不封顶，下不保底。奖金的发放权完全交给生产班长，由班长对自己班内每个工人完成当月工作任务的实绩和遵章守纪情况每月一次考核打分。以 100 分为标准，指标完成出色的加分，完不成或完成得不好的减分，然后按月底总分发给奖励，管理人员（包括班长）还另有职务津贴。

为了更好地发挥工人的聪明才智，公司还开展经常性合理化建议活动，凡是工人提出一条合理化建议，不论采用与否，一律给予奖励，被采用的合理化建议，则按经济效益大小决定奖励数额，最高的达 100 美元，仅自 1983 年 7 月至 1984 年 8 月的时间里，就有 217 人次提出了合理化建议 255 条，被采纳 96 条，实施了 68 条，经济效益达数万元。

该公司采用的赏罚分明、科学奖励的制度，有效地调动了广大员工的积极性，取得了很好的效益。

（2）合适的组织制度能调动员工的积极性

一个合适的组织制度对整体激励是必需的，它能充分调动员工的积极性，而要建立一个合适的企业制度也并不难。

松下电器为了能有一个更好的激励组织制度，对传统组织机构进行改造，1933 年首创了松下电器公司事业部专业分工制。刚开始创立事业部时，松下把他的公司分成三个事业部：第一事业部（无线电）、第二事业部（干电池、灯）、第三事业部（配线器具、电热器具）。第二次世界大战时，这个制度曾一度崩溃，但战后即重建且一直坚持至今。

这种事业部专业分工制是基于这样的考虑：每个人的能力有限，但应各有所专，独立进行专门经营，才能深入细致地钻研，从而提高经营效率。在事业部下，每个产品分部都拥有最大的自由经营权，它要求每个人都百分之百地发挥能量，也要求高度灵活地运用全体人员的智慧。依靠全体人员的努力，实行经营民主化，使每个人的工作积极性都被最大限度地激发出来。

松下认为他在 20 世纪 30 年代进行组织革新有自己的考虑：首先，他给予经理人员一定的独立性，将他们所管辖的产品划分清楚。这样，就能明确地考核他们的工作成绩。其次，通过事业部使他们自负盈亏，迫使经理人员更加坚定地面对消费者。最后，松下认为事业部制有助于专业知识的形成，而项目经理人员将更快地得到锻炼。因而这种制度能够培养出一批在公司扩大之后所需的能够担任总经理的人才，可谓"一箭三雕"。

在事业部专业分工中，重才用才的精神得到了体现，在全体职工中有一种"扩大职务"的气氛。也就是说，在事业部制的激励下不可能不出现各自想要扩大自己责任的想法。这给员工们留下一个很深的印象：工作不是别人给的，而是自己创造出来的。这种观念一直激励着松下集团全体成员共同为松下事业献力献策，取得辉煌的成绩。

（3）沟通是激励必不可少的

激励必须通过适当的沟通，适当的沟通，使公司信息为员工共享，让员工真正感到管理的透明，对公司各种情况有比较透彻的了解，从而培养一种主人翁精神。同时良好的沟通能起到极大的激励作用，给他们带来巨大的精神鼓舞，通过参与和工作被肯定，使他们感到自己对公司的重要性，进而转化为为公司作贡献的热情与动力。

玛特公司的用人之道浓缩成一个思想，那就是沟通。他以各种方式进行员工之间的沟通，从公司股东会议到极其简单的电话交谈，乃至卫星系统。他们把有关信息共享方面的管理看作是公司力量的新的源泉。

玛特公司非常愿意让所有员工共同掌握公司的业务指标，并认为员工们了解其业务的进展情况是让他们最大限度地干好其本职工作的重要途径。分享信息和分担责任是任何合伙关系的核心。能使员工产生责任感与参与感，意识到自己工作的重要性，觉得自己受到公司的信任，他们会努力争取更好的成绩。

玛特公司是同行业中最早实行与员工共享信息并授予员工参与权的，与员工共同面对许多指标是整个公司不断恪守的经营原则。每一件有关公司的事都公开。在任何一个玛特商店里都公布该店的利润、进货、销售及减价情况，并且不只是向经理及助理们公布，而且向每个员工、计时工和兼职雇员公布各种信息，鼓励他们争取更好的成绩。

总结玛特公司的成功经验，交流沟通是很重要的一方面。管理者尽可能地同他的"合伙人"进行交流，员工们知道得越多，理解就越深，对事物也就越关心。一旦他们开始关心，什么困难也不能阻挡他们。如果不信任自己的"合伙人"，不让他们知道事情的进程，他们会认为自己没有真正地被当成合伙人。情报就是力量，把这份力量给予自己的同事所得到的利益将远远超过将消息泄露给竞争对手所带来的风险。

（4）选择多种激励奖励方案

当公司的奖励未能产生理想的结果时，下一步很简单，即考虑能否采用别的奖励方案。

普莱米尔公司的总经理发现，他制定的30天激励雇员竞争方案只是在头一个星期产生了一点儿作用，后来，他们就不感兴趣了。他的公司在丹佛开设了六家餐馆，最后，满腹不快的总经理向雇员们征询奖励的办法，得到的回答令他很惊讶。他了解到，很少有人对奖励的观念感兴趣，甚至可以说，几乎所有的雇员都不把这些奖金当回事。

现在，他经常向雇员了解他们的想法，而且提供多种可供选择的方案。他也认为，这样做麻烦了一些，"但是这能使我们在竞争中立于不败之地。"

达斯市的皮格瑟健康中心的总经理在公司招募新的健身训练员时，就让他们自己开列一张能够达到每周或每月的训练指标，自己愿意接受的奖励项目表。

他手下的15名雇员并没选择多数人都会选择的项目，而是选择了摇滚音乐会门票、租用高级汽车和半月休假等。虽说不能完全归功于这种因人而异、随意选择的奖励办法，但是该公司的盈利近5年来确实已增加了一倍多。

（5）采用重奖

在一些特殊情况下，为了尽可能激发员工的积极性，最简单的是采用重奖。

丹尼尔汽车运输公司的司机们在几条公路上跑了多年后已经感到厌烦了，而且曾一度使公司面临效率下降、雇员流失以及成本上涨的不利局面。

总经理认为"要想提高效率并非难如上青天"。他告诉司机们，如果他们能减少成本，节余都归他们。他们真的从购买廉价汽油，寻找捷径和提高每加仑汽油行驶的里程中得到了节余下来的实惠，雇员流失率也因此下降25％。另外，由于减少了运输路程，该公司运货卡车的磨损率也降低了。

善于说"你对了"

"詹森，上回我们办的那次展览很成功，对吧？"

"是的，来参观的人数比预期多了一倍。可是为什么我们的主管对此只字不提呢？我也觉得奇怪。虽然他一向对工作要求很高，可是我们做得很出色，无论如何他总应该有所表示才对。"

"你对了"可以算是世界上最简单的激励法则了，但是生活中仍有许多管理人拙于说这三个极其简单的字，例如上面两位员工口中的主管，你是不是就是这样一个主管呢？如果是，那么你就需要尽快行动，采取补救措施。为什么呢？原因很简单。如果你的下属出色地完成了工作，而作为主管的你却从来不注意，他们很快就觉得没有必要如此努力。更为重要的是，你的下属开始认为你抢走了他们的全部功劳。他们可能会想："我的主管对我上次的出色表现只字未提，他怎么可能会向他的上司反映我的成绩呢？"

位于华盛顿的一家旅馆的经理就深谙"你对了"的法则。下面就是发生在这家旅馆的一件事。

资深经理人霍姆得来到了位于华盛顿的这家旅馆。他直接走向柜台。

在他办理登记时，服务员对他说："对我们来说，顾客是非常重要的。我不知道您是否可以在停留期间帮我们一个忙？"

霍姆得说："当然。要我做什么？"

"我们希望您把这本赞美券带在身边。每当您认为我们的服务令您满意时，请您撕下一张赞美券，在背后写下令您满意的服务事项和服务人员的姓名，然后把它送到经理的办公室。"

霍姆得微笑着说："如此一来，所有的顾客都在挑出你们做对的事。"

服务员微笑着说："祝您今晚过得愉快。"

吃过晚饭，霍姆得直接回房休息。他对旅馆所有员工的良好服务态度感到惊讶。他已经用掉了三张赞美券，一张给了巡房员，一张给了女侍，另一张则给了领班。"挑出员工做对的事"已经使他对这家旅馆深有好感；赞美券的设置，使得他这位顾客觉得自己的责任不是抱怨而是赞美了。

第二天早上，霍姆得收拾行李下楼吃早餐，然后到柜台退房结账。在他离开旅馆时，想顺便把赞美券投入旅馆经理的办公室中，经理刚好也在那里。于是，他把赞美券交给经理，同时说道："我想你的赞美制度确实是一个好构想。那么这个制度是否已经产生实际的成效了呢？"

旅馆经理回答说："虽然我们的赞美制度实施不到五个月，但是员工缺勤率和人事流动率已经显著下降。我们的员工现在恨不得提早来上班，他们急于知道他们做对的事情是否被挑出来了。而且，我们对获得赞美券的员工并不给予任何金钱报酬，只是拍拍他们的肩膀，赞美他们事情做得很好而已。"

霍姆得好奇地问："你是否认为这个制度也会改变顾客的态度呢？"

旅馆经理答道："一定会的！顾客给我们打的分数已经有了显著的提高。我们要求顾客就价值、成本、外观、服务、亲切等项目，给我们评定ABCDE五个等级。在实施赞美制度之后，填评分表的顾客有90%把我们评为A或B；更重要的是，现在评分表的回收率大约是以前的三倍。"

霍姆得说:"这么说来,赞美制度对你、对顾客以及对员工都有莫大的收益了。"

旅馆经理说道:"是的,这是一种报酬极佳的投资,值得去做。"

霍姆得在和旅馆经理握手道别时笑着说:"在你们这里住上一夜同样让我获益良多。"

不仅仅在旅馆的管理上,"你对了"的法则威力无穷,对于其他任何类型的公司,这一法则都会带来很多好处。

伟大的心理学家詹姆斯说:"人性中最深层的本质便是渴望得到别人的欣赏。"《圣经》也告诉我们:"你们总要彼此鼓励,彼此建造。"勒贝武夫在其著作《世上最重要的管理原理》中告诉我们,每个人真正想从工作中获得的,就是肯定和奖励。所以,世上最重要的管理原则就是"能得到奖励就做得好"。而欣赏是对一个人最重要的奖励。

《奖励员工的1001种做法》的作者尼尔森也曾谈到欣赏:

> 每个人都希望得到别人的欣赏。可是如今有多少经理人,把"欣赏别人"当成是他们的工作之一呢?这应该是他们的一大职责。当今时代对员工的要求比以前多,协助他们的资源和支持却比以前少。预算很紧,薪水冻结;经理人太忙,距部属太远,未注意到部属做了超量的工作,更别提感谢部属了。科技由面对电脑终端机,取代了人与人(部属和主管)面对面的沟通。这些科技却出现在一般人希望从生活中寻找更多意义——特别是工作意义的时代。

这种情况中的一大难题就是,最能激励人心的事却没有多少人去做(其实只需要一点时间和一些体贴的心思,就可以着手了)。在葛拉翰博士最近针对1500名员工进行的一项研究中发现,67项促使员工努力工作的动力中,排名第一的是主管对部属的亲自嘉许,排名第二的是主管亲自写的嘉许短笺。所以,你若是能够多给员工嘉许,他们会以千万种方法回报。

甚至对最平常的小事也应注意并且及时赞赏。聪明的领导者应当这样做，而且不应只表扬一次就完事。如果有人工作干得不错，就不断地表扬，因为大多数人渴求称赞的心理是永不满足的。

接电话是一项很简单的工作，可是长期地保持礼貌和耐心却难能可贵。如果你的哪一位下属做到了这一点，你是否也应该有所表示呢？

表扬要具体及时。"克尔，你这项工作做得很出色，他们对你提前一周完成任务感到不可思议。你的工作表现使我感到荣幸，我很欣赏。"瞧，就是这样一些具体的表扬，便可使你的下属们受到极大的鼓舞。

不要等到正式认可下来后才惜言如金地给予赞赏。留意下属出色的表现，在部门内当场就给予肯定。在大家喝咖啡的时间，来一句简单的总结语："嗨，我想大家可以庆祝一下刚完成的工作。"一句话，就可收到意想不到的效果。

我想没有比这更简单的话，也没有比这更容易做到的了。如果你是管理者，请你面对员工值得称赞的地方不仅要用眼睛去发现，更要用你的心去发现，并用你的嘴把它说出来，让你的员工用他们的耳朵接收到你对他们的称赞，并从心里接受，继而化做双手的行动。

"百分俱乐部"计划

20世纪80年代，在美国的管理界广泛流传着一个大胆有效简单明了的激励计划。它不仅为在激烈竞争中求生存的企业、公司提供了一个有效激励雇员改善工作绩效的样板，同时，也引起了一股人文或管理的热潮。这个计划名为"百分俱乐部"计划。

早在20世纪80年代初期，位于美国马萨诸塞州巴莫尔的戴蒙德国际工厂生产的纸板蛋装箱，受到了前所未有的市场冲击。由于一种新型集装

第07章
有效的激励机制可以发掘员工的最大潜能

箱的问世,使得竞争被激化了,全厂的 300 多名雇员面临着一个难以预测的未来,纸板蛋装箱的价格一跌再跌,使生产厂家受到致命的打击。雇员们生产情绪低落,劳资关系非常紧张。厂里 65% 以上的雇员感到管理班子对他们不尊重,56% 的雇员悲观地看待自己的工作,79% 的雇员认为他们并没有因为出色地完成某项工作而得到应有的报偿。

在情急之时,戴蒙德管理人事的经理推出了一个生产率激励计划,称之为"百分俱乐部"。计划简单明了,凡是工作绩效被承认为高于平均水平的雇员在评定中都可得到相应的分数。无论哪个雇员,只要在全年中没有发生任何工作差错,那么就可以得到 20 分。如果百分之百地出勤则可得到 25 分,每年在推出计划的这一天,分数会被列出来,送至雇员手里。如果哪个雇员分数达到了 100 分,他会得到一件饰有公司标志的浅蓝色夹克衫和表明"百分俱乐部"成员身份的臂章。凡是这个俱乐部的成员,公司给予特别的优惠待遇。对于总分超过了 100 分的雇员,他们将会收到额外的礼物或奖金;达到 500 分的雇员,他们将获得公司赠送的若干股份与更高层次的奖励。

戴蒙德人事经理的这项计划得到了全厂雇员的普遍认同。他在他的这项得意之作得以推行时说:"长期以来受到最大关注的总是那些制造问题的人。而我们的这项计划的主要集中点就是承认那些优秀的雇员,激励他们创造更高绩效的热情,从而鼓舞起所有人的士气,提高生产效率。"

计划推行一年多的时间里,戴蒙德国际工厂的生产效率提高了 16.5%,工作差错降低了 40%,工厂不满意见减少了 72%。这种转变在经济价值上就意味着戴蒙德工厂为其总公司增加了差不多超过一百万美元的毛利润。

计划出台前,雇员的工作态度与热情是消极的,但在一年半以后,对雇员工作状态再度调查的结果显示,86% 的雇员都说管理班子对他们很重视或非常重视,81% 的雇员感觉自己的工作得到了承认,79% 的雇员回答说他们的工作和工作成果与他们本身的关系更为密切。

无疑，戴蒙德的"百分俱乐部"的激励计划是相当成功的，雇员们在得到认可与承认的同时得到的是看得见、摸得着的物质奖励，在获得了一个个百分之后又找到了自己精神的家园。

尊重员工，满足员工的多样化需求

随着员工整体素质的普遍提高，员工的工作目标已经从原来的生存需求转变为发展需求。哈利·盖因斯曾经指出，在他们的企业中，有的员工想成为技术专家；有的员工想到本公司的其他部门工作；有的员工想发展与现有工作岗位相关的技能；有的被提升到管理岗位的员工并不想做一个管理人员；还有人认为他们的满意感主要来自群体中的合作精神。由此可见，员工的需求呈现多样化状态。

而以人为本的激励措施就要充分尊重员工的自我选择。对员工最有效和简单的激励是将激励与员工的事业发展联系起来。由于每个员工对事业发展的追求不同，所以每个员工所采取的激励方式也会不尽相同。

事业是由与工作有关的连续经历组成的，它不仅包括有报酬的工作，还包括义务工作、家务劳动、在学校的活动以及政治活动等。而事业发展是指个人为达到事业目标作出相应的决策和付诸实践的过程。事业规划则是指个人对职业、组织和发展途径的选择。

因此，对员工来说，事业发展与规划是一个不断寻求工作与生活质量满意的动态平衡过程。对组织来说，帮助下属规划和发展他们的事业是最具长期效应的激励措施。通过事业发展与规划管理，能使员工的需要和利益相容于组织的目标和利益，事业发展与规划管理的过程也就是组织和个人的目标和利益相匹配的动态发展过程。

企业必须根据对人力资源的需要，通过招聘、培训、轮换来恰当地配备人员。这种连续的计划和开发活动,在企业的发展过程中是不会停止的。重要的是,要使这一连续的过程富有激励性。组织应致力于把发展的需要转化为员工自己的需要和他们发展事业的机会。双方的需要和目标相匹配的程度,直接影响着员工的工作积极性和组织的效率。

《企业再造》一书对上述问题进行了详尽的论述。作者强调:"事业发展与规划管理这一激励措施是基于组织与员工共同成长、共同发展和共存共荣的观念的,是人本管理思想的最佳实现方式。"书中还描述了这种具有深层次效应的激励方式的具体表现形式:

(1) 从信息沟通的方式看,这种匹配过程是一个单线的双向交流过程,这一过程允许下属自由提问,使下属具有平等感。

(2) 从满足下属的需要层次看,这一过程能满足下属的情感需要、受尊重的需要,以及有助于满足自我实现需要。所满足的是高层次的需要。

(3) 从丰富工作内容方面看,这一过程有助于下属选择做他愿意做的工作,双方可以讨论重新设计工作和工作轮换问题,可以讨论调整工作责任问题。这些都可以提高员工的工作生活质量。

(4) 从下属的事业发展方面看,双方讨论下属的事业发展领域及所需的技能,并为他提供继续教育和通过参与特殊项目来发展下属的个人能力的机会。这样有助于留住优秀人才。

(5) 从绩效评价的内容和方式看,主管要善于将员工的绩效与对组织的贡献联系起来,以增强下属对组织的归属感和自豪感,并有助于培养下属从组织大局考虑问题;另一方面,主管还要听取下属对工作绩效的自我评价,这样有助于下属提高对工作本身的绩效评价。

(6) 从维持下属的事业和家庭的平衡发展看,双方可以讨论下属对业余时间的支配和发展家庭关系问题,以满足下属提高生活质量方面的要求。

（7）从下属事业发展的途径看，能使下属的事业发展途径多样化，下属既可以沿垂直的组织等级阶梯向上发展，也可以在平行的相关职位上发展，还可以通过进入"专家组"作为"核心分子"来发展。

（8）从对组织发展的风险防范角度看，由于双方讨论的问题都是未来导向性的，使组织变革和下属的工作转换都处于相对平衡的状态，避免突然变化给双方带来的损失。

让员工觉得你对他好

聪明的管理者要管理好员工，最简单的办法是让他们觉得你对他们好，这样就要让他们尝到激励的"甜头"，越干越有劲，觉得天天有奔头；否则你就会看不到显而易见的工作效率，结果是你自己会吃苦头。那么员工呢？他们当然也会跟着你吃苦头。

激励是一门艺术。作为一个管理者，应当学会用艺术的方法对下属进行激励。

（1）明暗要适宜

激励可公开进行或暗中交易，两者都以正当而合理为适宜。暗中激励不失正当，才是正途。

凡是大家看法想法一致，不易引起众人反感，可公开激励，目的在于获得大家的良好的回应，以扩大影响。若是见仁见智互异，而又非奖赏不可，便暗中进行，以减少误解或不满。有些行为例如维护公司信誉而与外人打架，应该私下感谢，以防群起仿效。

普遍性的，可公开实施；特殊性的，除非众所公认，否则以暗中为宜。牵涉到个人荣誉的，私下激励；单位或团体荣誉，公开表扬。有关苦劳的奖赏，大家差不多，公开；有关功劳的奖赏，彼此相差颇大，最好暗中给予以维护较差者的面子，激励其下次努力赶上。公开等于撕破脸，用

"无所谓"来回应，就失去激励作用。

（2）公私分明

公家的金钱，做私己的人情，这是一种明得暗失的算盘。受惠的人，一方面感激，一方面有样学样，公私不分明。其他的人，看在眼里却怨在心里，既然是公家的钱，为什么不索性多花一些，连我也照顾在内？

激励者存心接受回馈，当然施恩望报。这种私相授受的激励，不可能真诚持久。必须心中没有施恩的念头，更不希望个人获得任何报答，才有实效。既然如此，就用不着假公济私，以致公私混乱，甚至以私害公。

私人的事宜应该明说，花用自己的钱也要表明。不必垫私钱办公事，否则也是公私不分明。私人恩怨不能公报，私人请托不能利用职权，更不可以存心勾结以图谋私利。因为公私不分的激励，到头来必然公私两蒙其害。

（3）顺逆要小心衡量

请将不如激将，有时逆的激励效果更为宏大。不过完全逆取，也不见得有效。顺逆之间，必须小心衡量。

有些人顺着请他帮忙，他会推三阻四，勉强答应，也似有天大人情。最好用反激的方法，故意把问题说得十分困难，暗示非他能力所能胜任，激他毅然自告奋勇。

有些人老于世故，便要顺着激励。先说明他的长处，以引起知遇之感，再表示借重他的才华，请他不必顾虑太多，他就会朝气勃发，鼎力相助。

关系很重要，交情不够不宜随便逆取。够交情，好像顺逆都能奏效。不过看场合、看情况、配合着考虑，该顺即顺，应逆即逆，求其效果最佳，而且后遗症最小。以自己的优势来攻破对方的弱点，则顺逆皆有所宜。

（4）刚柔并济

用刚硬的方式来激励，多半建立在利害的基础上面。以柔软的方式来激励，则偏重于情谊。以情谊为出发点来实施激励，效果较佳。所谓柔能克刚，正是此理。

柔不表示胆怯怕事，也不是推、拖、拉，敷衍了事。柔是用真诚的爱心来感应，使对方从柔中发出一股强烈的意愿，自己奋发有为。

刚是一种果敢的作为，具有短时间的爆发力，当作非常的手段，比较有利。刚硬之后，如果再以柔软来安抚，更能得人心。不可存心杀一儆百，因为人心惶恐，并没有好处。应当处罚到什么程度，若是难以判断，最好从轻。应当赏到什么程度，假若难以判断，最好从优。若非证据确凿，宁可从轻发落，不宜轻率冤枉。刚柔并济，所重不在惩罚，而在教化。

（5）动静并用

动静不是两种相反的状态，而是以此互相过渡的。动中含有静态，静中也有动态。活动过程多半比较引人注意，而活动前后的企划、准备、沟通和协调，则容易被忽略。激励者不可由于自己看得见的动态便加以重视，却对自己看不见的静态予以轻视，以免厚此薄彼，招致不满。

对于动态的激励，必须掌握时机，把握重点，以配合活动的进行。静态的激励，可以定期或不定期在结束或过程中，指定专人或由某些人交互实施。无论动态、静态，都要给予合理的激励，使大家明白动态、静态各有其贡献，并无轻重之分，因而分别努力，共同朝向目标。

动态应注意机动配合，静态要普遍照应。前者重在时机，后者重在人员。动静都要掌握人心，所以力求合理。

（6）赏罚分明

赏罚分明要做到赏当其功，罚当其罪的地步。罚要向上追究，不论地位如何高贵，有过失就不能掩饰或开脱。赏应普遍推及基层，地位再低微,有功就不能忽视或遗漏。大小并重,赏罚明快,才具有激励效果。

大功劳要隆重,以示礼遇。小功劳也要重视,因为轻忽小功,大家就会希望夺取大功,以致小问题乏人注意,势必酿成大祸害。大事应予特别奖励;小事也宜合理奖赏。职位高的,固然要礼待他;职位低的,更不宜轻视他,以免引起反感。一大堆人受奖,要大场面,大家一起接受激励;少数人或单独一人,不妨视实际情况,或公开或个别给予激励。

当然,激励下属方法很多,下面是一些简单的激励策略。

(1) 鼓励员工发表意见

这样做,除令员工有被重视感之外,更能了解下属的潜能。

(2) 注意下属的优点

不要因下属的一些小错而令你忽略了他们的长处和好的表现。例如迟到、工作时吃零食、午饭时间长、聊天——都非严重错误,如犯事员工一直工作勤奋,表现优异,作为上司当然要容忍他们的一些小缺点。记着人是没有十全十美的。不过,如果某员工的缺点成了其他员工的效仿对象,则要把问题向他反映,让他知道上司一直容忍,是因为他自己的工作表现良好,但如影响其他人便要自律了。

(3) 下属犯错,上司也有责任

如工作上出了问题,往往反映出工作程序上有弱点。绝不要只追查谁出的错,更重要的是堵塞工序上的漏洞。

(4) 不要当众骂下属

要尽量顾及下属的个人尊严,尤其当下属本身也有部下时,更不要在他的手下面前斥责他,这只会影响公司日后的整体运作。

(5) 多关心员工

偶然借员工生日或节日,请员工吃一顿,以答谢员工日常的帮忙,也是鼓励士气的方法之一。

(6)不拒绝下属的提议

即使该提议不大可行,仍应让下属讲解完再提出问题所在,并鼓励他继续提出意见。因为一口拒绝员工的建议,会让员工日后不敢再向你提意见。

你曾梦想过,你做管理者的团队是一支常胜军,且具有如下的特质,而显得十分超凡出众吗?

- 他们加班不拿加班费,只得到一个盒饭;
- 星期日、例假日照常乐于工作,而没有丝毫埋怨;
- 经常出差,从不推诿或找理由拒绝;
- 团队成员对组织目标的实现,有着极为强烈的追求;
- 他们忙不过来时,会主动请家人、朋友义务协助;
- 他们永保赤子之心和永不服输的精神而奋斗不懈;
- 视能为顾客服务为至高无上的荣耀。

为了实现你的梦想,有以下4件简单的事需要你做到:

- 让工作内容更有丰富性、娱乐性和挑战性,而且要求高品质的表现;
- 部属不是机器,应协助他们了解工作对整个团队的重要性和意义所在;
- 使部属完全明白你对他们的期望,当他们达到你们双方确定的标准时,确实能再得到你的激励;
- 努力程度、工作成果和报酬奖赏之间要有明确的关联性。

第 08 章

奖惩分明：推行"胡萝卜加大棒"政策

二八法则：重要的多数和烦琐的少数

1897年，意大利经济学家帕累托在他从事经济学研究时，偶然注意到19世纪英国人的财富和收益模式。在调查取样中，他发现大部分所得和财富流向了少数人手里，但他同时发现了两项非常重要的事实。

第一项发现：某一族群占人口总数的百分比和该族群享有的总收入或财富之间有一个数学关系，即20%的人占有80%的财富。让帕累托真正感到兴奋的是另一项发现，就是这种不平衡现象到处都存在，并会重复出现。当时，不管是早期的英国，还是与他同时代的其他国家，或是更早期的资料，相同的模式一再出现，而且在数学上有相当的准确度，即20%与80%的比例关系。后人对于这项发现有不同的命名，例如帕累托法则、帕累托定律、二八法则、二八定律、最省力的法则、不平衡原则等。这就是二八管理法则的由来。

二八法则充分说明了经营企业不应该面面俱到，要抓关键的人、关键的环节、关键的岗位和关键的项目。也就是说，管理者要将主要导向和主要精力放在20%的少数以带动80%的多数，提高企业效率。一个较小的诱因、投入或努力，往往可以产生较大的结果、产出或酬劳。几乎在所有的事物上，导致事物的最终结果都可能只归因于少数的原因、投入和努力，而其他大部分的工作只能带来微小的影响。也就是说，你80%成果的取得，是出自20%的付出。

如果灵活运用80/20法则，不仅可以使公司的利润大大增加，而且可以使整个公司脱胎换骨。

乔治亚公司是一家年营业额达到数百万美元的地毯供应商，这家公司过去只卖地毯，现在它还出租地毯，出租的是一块块接合在一起的地毯，而非整块地毯。

第08章
奖惩分明：推行"胡萝卜加大棒"政策

原来这家公司意识到，在一块地毯上，80％的磨损出现在20％的地方。通常，地毯到了要替换时，大部分的地方仍然完好无缺。

因此，在公司出租计划中，一块地毯只要检查出有磨损或毁坏，就给客户更换那一小块磨损或毁坏的地方。

这种做法同时降低了公司和顾客的成本，使该公司的业务蒸蒸日上，而且引起许多家同行的仿效。

二八法则所提倡的经营指导思想，就是"有所为，有所不为"的经营方略。这一企业经营法则之所以得到国际企业界的普遍推崇，就在于它用20％的比例，确定了经营者管理的大视野，让企业家们知道，要想使自己的经营管理能突出重点、抓出成效，就必须首先弄清楚企业中的20％到底是哪些，从而将自己经营管理的注意力集中到这些20％的重点经营业务上来，采取有效的倾斜性措施，确保重点方面得到重点突破，进而以重点带全面，取得企业经营整体进步。美国、日本的一些国际知名企业，经营管理层都很注重运用二八法则进行企业经营管理运作，不断调整和适时确定企业阶段性20％的重点经营业务，注重从二八法则这一入木三分的经营法则中，体会如何采用得当的方法，将一个规模很大的企业管理得有条不紊，并使那些重点经营业务在管理中得到突出，并有效发挥带动企业经营全面发展的"龙头"作用。

被称为"20世纪最大投资失败案例"的铱星公司倒闭，就是被"二八法则"击败的典型事例。铱星公司出身豪门（后台是大名鼎鼎的摩托罗拉），其所推出的铱星电话——"在世界任何地方都能打通的电话"——技术上的先进性举世无双，可就是这样一个"天之骄子"，却在投入运营两年后不得不宣布倒闭，原因何在？除了运营方面的种种失误，最重要的败因正是它所追求的"覆盖全球"的理想。不要忘了，地球表面的80％以上是人迹罕至的海洋、极地和高山，为了将这些地域纳入通讯网络，铱星公司不但要发射大量卫星，还要负担维护其运转的巨大费用，可是这些地方所能产生的利润却微乎其微。这些成本最终都要由另外那20%地区的用户负担，这就是造成铱星电话价格过高，无法和普通移动电话竞争的原因。

二八法则给我们的一个忠告是：应该把精力用在最见成效的地方，所谓"好钢用在刀刃上"，要善于抓住机遇。在激烈的商业竞争中，当足以决定成败的战机出现时，就要敢于将大部分精力投入进去以争取胜利。如果一味地强调平衡，死守"一分耕耘，一分收获"的所谓"公理"，那么就会受到二八法则的惩罚。

二八法则对管理的启示有如下几点。

（1）管理要具有全局观念

从二八法则出发，既要了解总体的20%，也有必要理解总体的80%。在这一点上，有一个关键因素，就是要具有直观想象全局的能力。

（2）人力资源战略

一视同仁可能无助于提高企业整体效率和竞争力，在人力资源管理中，往往是20%的人完成了80%的工作任务，因此企业要保证稳定的人力资源结构，作为管理者，任何时候都要保持清醒的头脑，要分析本企业20%的核心成员是谁？他们需要企业给予什么帮助？这些人各有什么特点和优势？有什么缺点？以便采取相应的对策。通过重点培养和激励20%的骨干力量，来带动企业另外80%员工的积极性和创造性，促使他们向20%的骨干力量学习，从而使整个企业人员素质、工作效率和业绩不断地向上攀升。

（3）营销战略

应专注20%能够带来高利润的核心技术和产品，在对待客户上，客户的价值是不等的，发展和留住客户的成本也是不等的。一般来讲，发展新客户的成本是留住老客户的5倍，重点要留住老客户、忠诚客户，也是因为这20%的客户能够带来80%的利润。

明确企业经营应该关注的重要方面，从而抓住重点、以点带面。要抓住为企业创造 80% 利润的少数关键人才，并采取相应措施重用这些人才。

差异化才是公平

哈罗德·孔慈说："对员工的一视同仁是一种不公平的表现，任何组织内的管理者必须对所属员工用心进行了解，实行差异化管理，最大程度地发挥员工的能力，从而给企业带来最大的效益。"

江苏省的森达集团本是一个小村子里的不出名的企业，但在短短的十几年的时间内，迅速崛起，成为全国皮鞋的一流品牌，成为我国皮鞋行业举足轻重的"森达集团"。这其中的奥秘就是因为重视人才，对人才与普通员工实行差异化管理。

一个偶然的机会，森达总裁朱湘桂得知台湾著名的女鞋设计师蔡科钟先生莅临上海，而且准备在广阔的大陆市场谋求发展，他十分兴奋，随即赶往上海拜谒蔡科钟。经过双方的沟通和理解，朱湘桂确信蔡先生是他生意场上不可多得的人才，打算聘用。但蔡科钟要求年薪不少于 300 万元。朱湘桂尽管预料到此人身价不低，可还是吃了一惊，要知道在当时，年薪 300 万元可以说是狮子大开口！但朱湘桂还是下了决心，聘用他。

消息传到森达集团总部，顿时企业上上下下一片反对声。有的说，他是有能力，但年薪太高，我们的员工等于替他挣钱，不合算；有的说，蔡先生是台湾人，以前只是听说他很厉害，但到底怎么样，适不适合大陆的情况，不好说，等他的本事显出来再谈年薪也不迟；还有的说，东河取鱼西河放，实在没必要。但朱湘桂认为，要想留住一名人才，必须给他提供有竞争力的薪酬，实行与众不同的待遇。他向员工们解释说，聘请蔡先生这样的国际设计大师，能够不断推出领导消费潮流的新品种，占领更大的国内外市场，使森达品牌在国内国际叫得更响。

果然不负众望，在蔡先生上任后，凭借其良好的开拓精神，深厚的研发功底和对世界鞋业流行趋势的敏锐感觉，把意大利、港台和中国内地女鞋融为一体，当年就开发出了120多种女单鞋、女凉鞋等高档女鞋品种。这些式样各异的女鞋一投放市场，立刻成为顾客争相购买的"热货"。一年中，单蔡先生设计的女单鞋就为森达赚回5000万元的利润。一些开始议论蔡先生年薪太高的人，在事实面前，连连点头，年薪300万元留住一个难得的人才，值得。

平均主义是最大的不公平。在当今社会它已经失去了存在价值。员工之间的差异在任何组织内都是存在的，且是任何管理者都不可忽视的一门管理学问。如果管理者面对这些客观存在的差异视而不见，而一再强调对员工一视同仁，在企业内部便有可能造成管理层与员工之间的鸿沟，使企业的人力资源白白浪费，丧失企业应有的竞争优势。

管理者只有真正了解这些差异，分析这些差异，进而加以取舍和运用，采取对症下药的方式予以激励，才能真正发掘员工的价值。

成功的公司不一定要完全与众不同，也不是一定要循规蹈矩，关键是找到正确的道路并且坚持走下去。

奖励失败，不只是奖励成功

韦尔奇说：人们犯错误的时候最不愿看到的就是惩罚。这一点我们每个人都有体会。他还说：若是因为失败而受到处罚，大家就不敢轻举妄动了。因此，韦尔奇采取"奖励失败，不只是奖励成功"的措施。

韦尔奇说："我也奖励失败，我的一些人设计出一种灯，但效果不好，我还是给他们每人一台电视机。不然，人们就会害怕再做尝试。"我们总要明白：人人战战兢兢、提心吊胆地过日子的企业，它注定活不长。不要员工犯点小错即使是大错，就随随便便把人炒了，否则，企业很危险。

第08章
奖惩分明：推行"胡萝卜加大棒"政策

韦尔奇为了鼓励员工具备承担风险的勇气，推出"奖励失败，不只奖励成功"的措施。他强调："我们必须让职员明白，只要你的理由、方法都是正确的，那么，即使结果失败，也值得鼓励。"

他这样做，显然是想让一切具有创业精神，但因遭受挫折而感到沮丧的雇员都知道，他们允许有坚持不懈的努力和创业的自由，也就意味着允许有做错事和遭受失败的自由。通过这类方式，通用电气公司内各产业集团中形成了"开拓再开拓"的小气候。韦尔奇要求每个部属都清楚自己的价值，同时也注意给他们创造出能实现这些价值的环境。

在韦尔奇的自传里，他讲述了这样一件事：

在我得到"中子弹杰克"这个绰号之前很多年，我实际上的确炸掉过一座工厂。

那还是1963年，即我在GE的早期。那年我28岁，在GE已经干了三个年头。我还清楚地记得那个春天，仿佛是昨天发生的一样。这是我一生中所经历的最为恐怖的事件之一。

爆炸发生的时候，我正坐在匹兹菲尔德的办公室里，街对面正好是实验工厂。这是一次巨大的爆炸，爆炸产生的气流掀开了楼房的房顶，震碎了顶层所有的玻璃。这次爆炸彻底动摇了所有的人，尤其是我。

……

我们当时正在进行化学实验。在一个大水槽里，我们将氧气灌入一种高挥发性的溶剂中。这时，一个无法解释的火花引发了这次爆炸。非常幸运的是安全措施正如原先设计的那样起到了一定的保护作用，爆炸产生的冲击波直接冲向了天花板。

作为负责人，我显然有严重的过失。

第二天，我不得不驱车100英里去康涅狄格的桥港，向集团公司的一位执行官查理·里德解释这场事故的起因。他是我顶头上司鲁本·加托夫的老板。鲁本·加托夫就是那个极力劝阻我不要离开GE的人，他也参加了会议，不过我才是准备挨批的人。我已经作了最坏的准备。

那天，他表现得异常通情达理。他几乎是以苏格拉底式的方法来处理这起事故。他所关注的是我们从这次爆炸中学到了什么东西，以及我们是否认为自己能够修理反应器的程序。他还问我们是否应该继续进行这个项目。这一切都是那么充满理解，没有任何情绪化的东西或者愤怒。

"我们最好是现在就对这个问题有彻底的了解，而不是等到以后我们进行大规模生产的时候。"他说道，"感谢上帝没有任何人受伤。"查理的行为给我留下了深刻的印象。

当人们犯错误的时候，他们最不愿意看到的就是惩罚。这时最需要的是鼓励和自信心的建立。首要的工作就是恢复自信心。我想当一个人遇到不顺或者是挫折的时候，人云亦云是最不可取的行为……

在危急关头人云亦云很容易使得人们陷入我所说的"GE漩涡"中，开始恐慌，并逐渐陷入自我怀疑的无底洞，就会发生所谓的"GE漩涡"。

我曾看到这种事情同样也发生在坚强、聪明且充满自信的数十亿美元公司的总经理们身上。顺利的时候，他们一般都会做得很出色，但是一旦做了某些错误的计划或者一桩赔钱的买卖——并不是第一次——自我怀疑的心理就开始慢慢地侵蚀他们了。于是他们开始对每一件事情都没有了主意，他们赞成每一个提议，为的是及早走出会议室或者是将这件事拖到以后再去处理。

这是一件非常可怕的事情，很少有人可以从这个"漩涡"中恢复过来。我曾经尝试所有可能的手段以帮助这些人摆脱"漩

第 08 章
奖惩分明：推行"胡萝卜加大棒"政策

涡"——或者更好些，去避免它的发生。

不要误解我。我喜欢挑战人们的观点。没有人会比我更喜欢合理而又激烈的争论。这不是倔强或者坦率，这是工作。不过关键的是要知道什么时候去拥抱，什么时候去斥责。当然，武断的、不愿意吸取教训的人必须开掉。我们所要做的是帮助那些知道自己已经被过失侵蚀了自信的人们摆脱困境，重塑自我。

花旗集团（Citi Corp）前总裁瑞斯顿（Walter Wriston）也曾说过，"不能从失败中吸取教训，则是罪过。"管理者们可以通过鼓励甚至奖励失败，着手培养敢于冒险、充满自信的工作团队。鼓励别人勇于冒险的一个方式是以自身的失败作为例子，公开坦诚地谈论自身的错误与挫折，从中得来的经验教训，让员工知道当你害怕、对结果没有把握时敢于冒险。一家保险公司的总经理担心销售人员们太害怕失败，甚至面对精确估计的风险也犹豫不决，于是在一次销售会议上他采取了行动。他在桌子上放下了两张 100 美元的钞票，讲了他最近的一次失败及从中获取的教训。然后他说，只要与会的其他人谈到自己遭遇的更大的失败，便可赢得这 200 美元。当无人开口时，他抓起钞票说他会在每月召开的销售会议上重复这一要求。从第二个月开始，这个经理就再也留不住这 200 美元了。而当员工们开始勇于讨论失败时，销售部门也随之越来越成功，一年之内赢利便增长了三倍。

微软公司愿意聘用那些曾经犯过错误而又能吸取经验教训的人。微软的执行副总裁迈克尔·迈普斯说："我们寻找那些能够从错误中学会某些东西、主动适应的人。在录用过程中，我们总是问应聘者：你遇到的最大失败是什么？你从中学到了什么？"

格里格·曼蒂与别人一起在 1982 年共同创立了爱林特计算机系统公司，10 年后，公司由于入不敷出而倒闭。而微软在 1992 年 12 月聘用了曼蒂，任命他为部门主管，负责筹划如何把新技术用来制造消费产品。微软从曼蒂身上发现的不仅是他的技术和管理经验，更重要的是，曼蒂看起来是一个敢用远见打赌的人——即使这种远见付诸东流。微软的人会告诉你：用远见打赌是公司存在的全部。许多远见最终以失败告终，但这并不重要，重要的是它们曾被尝试过。

在寻求有远见的冒险者时，微软喜欢尝试那些成功地处理过失败和错误的人。一位高层管理人员说："公司接受了很多内部的失败。你不能让员工觉得如果做不成，他们就可能被解雇——如果那样，没有人愿意承担这些工作。"在微软公司，最好是去尝试机会，即使失败，也比不尝试任何机会好得多。

提拔曾犯错误的员工是微软的优良传统。副总裁鲁兹·席格门曼有一次兴高采烈地对其下属讲述自己的职业生涯："我起初负责的是区域网络系统的行销工作，但是一败涂地。接着公司派我负责视窗系统中的Workgroups的行销工作，起初很不稳定，但逐渐有了起色，于是我被派任比尔的助理。在提出对线上商业服务的建议后，他让我负责开发这个领域，结果是在不稳定中获得成功，因此我获得了今天的副总裁的职位。很难想象如果我开始就一帆风顺，今天又会是怎样的局面。"

1998年，微软的Excel软件上市后被发现有重大瑕疵。当时的产品经理硬着头皮去见比尔·盖茨详述此事，建议将上市产品全数收回。比尔告诉他："今天你让公司损失了2500万美元，我只希望明天你表现得好一点。"时至今日，这位产品经理——杰夫·雷克斯已经成为微软内部顶尖的主管之一了。

由于待开发的领域太多，所以"容许失败"早已成为微软工作程序的一部分了。只要是在合理的范围内，微软人往往不需要为犯错而受到惩罚，因此不会因为畏惧而怯于挑战新事物。就员工而言，不但可以激发其想象空间，更不会轻易就放弃任何一个含有进步因素的机会。对公司来说，容许失败正是进步的契机。

"勇于尝试必有所得"，这项原则在微软轻松的工作气氛中获得了真正的实践。

"错误"这个词按照常理是不受欢迎的字眼，没有几个人会喜欢它，可是韦尔奇对它却采取了拥抱的姿态。韦尔奇说他创造的企业就是人的企业：我们造就了不起的人，然后，由他们造就了不起的产品和服务。韦尔奇是怎样造就这些了不起的人的呢？其中一个重要的机制就是容许失败，使他麾下那些本意善良的敬业的人在遭受挫败时学会了与错误共舞。

自信是企业业绩成长的动力。但失败却是大多数企业中的员工难以启齿的话题。当人们在尝试中遭遇失误或失败时，自我怀疑可能会压倒一切。这是人性的弱点。恐惧会阻止人们前进的步伐，但"失败并不是罪过"。

将业绩作为提拔员工的标准

恰当、有效的激励机制，是提高员工积极性、促进企业工作效率提高的手段之一。给员工以晋升的机会，就是其中一个不可或缺的激励因素。它带给员工的不仅仅是一份更得体的薪水和一张更宽阔的办公桌。它同时还表明了一种认可、一种身份、一种荣誉和尊敬，它为员工带来的是满足与责任。因此提升在任何时候都具有强大的激励力和凝聚力。它使人自信，主动追求卓越；使人充分发挥潜在的能力，处于持续不断的发展过程中。

但若按资历提拔不但不能鼓励员工争创佳绩，反而会养成他们坐等观望的态度。这会降低晋升的激励作用，甚至产生负面效应，打击员工的工作士气。最好的方法是"通过衡量员工的业绩去任用"。事实表明，用员工的个人成就决定员工的提拔升迁，将会更有效地激励员工，培养员工向优秀员工看齐的企业精神。

"业绩决定晋升",固然会给员工带来一定的工作压力,但重要的是它把握在员工的手中。拥有了晋升主动权的员工可以直观地看到自己努力与进步的轨道,让他们深切感受到赢得胜利的悸动。这一切均可产生强大的激励力,促使员工更加努力地工作,使劳动生产率达到最大化。

在美国施乐公司,为了促使员工努力工作,管理者在"提升员工"上狠下功夫。他们首先根据员工为公司创造利润的多少,将员工分为三类:工作模范、能胜任工作的员工和需要督促工作的员工。员工要想被提升到公司最高层的管理岗位上,首先必须让自己的业绩达到工作典范的标准。而要想成为较低层次上的管理者,最起码要达到能胜任工作的底线。至于需要别人督促工作的那一类员工,则根本得不到提升的机会。施乐公司通过这种机制让每个员工明白:只要你能不断创造更好的业绩,永远将有更高的职位等着你。反之亦然。

比尔·卡特就是"业绩决定晋升"的受益者。初进施乐公司时,他只是一名普通的推销人员,但他工作积极勤奋并善于思考。为了推销更多的产品,他让妻子在他的车里放上一大罐柠檬汁和一些面包,这样他可以一天不停地在外面奔跑销售,而不必回家吃饭。卡特有自己的推销策略。他认为,裤子右口袋处常有磨损的推销人员绝不可能取得成功。因为这说明他在同客户握手之前,总要在裤子上将手上的汗擦掉,这是缺乏自信的表现。而推销人员要想成功必须具备自信。

卡特靠自己超人的智慧和吃苦耐劳的精神,为公司销售了大量的产品,销售业绩一度高居公司榜首。为了鼓励卡特再接再厉,获得更好的成绩,公司将他提拔为销售部经理。迅速的提升,使卡特对工作充满了更大的热情和干劲。即使在街道上散步,他也会观察两旁的建筑群,思考如何使每一幢建筑里的公司,都成为施乐复印机的用户。于是他一再被提拔,最终被提升为负责全国销售业务的经理。事实还证明,"以业绩决定

第08章
奖惩分明：推行"胡萝卜加大棒"政策

晋升"，也是留住优秀员工，让人才为公司效力的最大原动力。

因为人才在工作中不只满足于工作本身，更强调自我的体现。这个道理虽然简单明了，可是许多管理者往往做不到。重要的是他们常跟着感觉走，被表面的现象欺骗，以致失去了判断力。在很多时候，他们提升一个人，是因为这个人与自己投脾气。

若管理者是快刀斩乱麻的人，他就愿意提升那些干脆利落的员工；若管理者是个十分稳当、凡事慢三拍的人，就乐意提升性格优柔寡断、小心谨慎的员工；管理者若爱出风头、讲排场，就不喜欢那些踏实做事的人。这是晋升的一个误区。另外，在现实工作中常存在着这样一种现象：管理者在刚开始的时候，会给予他喜欢的人才一定的发展空间。一段时间过后，被雇用的人才掌握了大量的工作经验，轻而易举地就能把工作做好。这时，他的工作能力与现有的位置已极不相衬，晋升是解决这个问题的有效手段，通过晋升可以把人才的创造力长久地保持。可惜的是，很多管理者常常忽视了这一现象的存在。结果人才因能力被束缚而备受压抑，工作热情逐渐降低，失去了原有的生气和活力。

弗兰克是一家跨国集团的副总裁。在一次到加州分公司视察时，弗兰克发现那里的销售经理科尔曼是个难得的人才，立即将他调到总部，担任总部销售科经理助理。弗兰克知道，以科尔曼的才华来讲，这个位置有点大材小用。他打算让科尔曼先熟悉一下总部的销售工作，然后再另行安排工作。没想到一个月后，弗兰克被调任到某亚洲大国的分部，全权负责那里的工作。弗兰克在那里一干就是五年。五年后，弗兰克再次回到总部。他记起自己一度赏识的科尔曼，心想："他现在应该成为某分公司的负责人了吧？"

但一切出乎预料。站在弗兰克面前的科尔曼，已不再是充满激情和活力的年轻人，他变得愤世嫉俗、固执，目中空洞无物。弗兰克难过极了，怎么会这样呢？原来，科尔曼到总部后，很快就展示出他过人的才华，把经理助理的工作干得近乎完美，后来甚至全盘接管了经理的工作。他的上级深感离不开他，丝毫没有让他调走的想法。科尔曼只好停留在经理助理的位置上，多次晋升的机会与他擦肩而过。最初科尔曼没有什么想法，但随着时间的推移，科尔曼对前途失去了信心，对待工作也不再认真。

从某种程度上讲，如果企业不能为员工提供足够的升迁机会，多半是因为企业整体或某些部门停滞不前的缘故。这时企业必须下定决心采取行动，设计一定的级别和头衔并创造出足够的层次，或者采用"优胜劣汰"等方法腾出位子，以便能让有能力的员工一次又一次地被提升。

微软内部晋升的竞争激烈而迅速，每隔几个月就重新组合一次。不断重组的结果就是微软始终存在晋升机会。因为在重组中，不断有绩效不佳的人被调离，留出空缺。只不过晋升的机会并非给予等它十年的人，而只给予业绩最高的人。

业绩管理是管理者必备的管理能力，业绩考核有助于管理者进行系统性的思考，如工作职责、工作目标、如何评价、如何激励员工发展等一系列内容。管理者做业绩考核时，一定要从全面出发，做到公平、公正。

第 09 章

留住英才是成就事业的关键

作出让步，留住进取心强的人才

进取心强的员工是公司最富有价值的、积极的资产，这一类型的员工往往具有很强的自我表现欲，当组织无法满足他们实现自我价值的要求时，就会感到自己的价值取向和公司的价值取向存在较大差异，因而抱怨得不到公司充分的重视和支持，而有可能另寻更加重视、更好发挥他们才华的环境。所以，挽留这类人才，最简单的方法是作出适当让步，为其提供能够发挥其才华的条件。

日后领导 GE 公司成为世界数一数二企业的杰克·韦尔奇在 GE 公司最初的经历十分有趣，他在进入该公司一年后十分不满公司的官僚主义，打算另谋高就，结果是 GE 公司副总裁鲁本·加托夫苦口婆心地劝留了他，不惜作出让步，成功挽留了一个优秀的人才，使他在后来确实将 GE 公司带入了一个辉煌的时代。而这也成为鲁本·加托夫本人的管理生涯中最值得大书特书的地方。

获得博士学位后，杰克·韦尔奇进入了 GE 公司。他主要负责 PPO 材料的研制工作，这种新型材料在所制定规格的颜色与展延性上有一些小问题存在，但韦尔奇依然热情工作，努力去克服一个又一个的难题。

韦尔奇成功地推出 PPO 材料时，他被公认为 GE 公司塑胶部门的一颗脱颖而出的新星，成为众多化工公司关注的焦点，开始有猎头公司盯上他了。就在韦尔奇雄心勃勃地要大展宏图之时，他发现 GE 公司存在着严重的官僚主义，首先体现在薪酬管理问题上。年底时，公司给韦尔奇加了 1000 美元的薪水，他为此感到很高兴。但很快，韦尔奇发现无论员工表现好与坏，在工作的第一年终结时，每一个人都会获得 1000 美元的加薪。

生性要强的韦尔奇无法忍受 GE 公司对人才的偏见，他认为既然付出了努力，就应该得到等额的回报。而他相信自己应该获得更高的薪水，所

第 09 章
留住英才是成就事业的关键

以他毅然地向 GE 公司塑胶部门主管提出了辞职。当时位于芝加哥的国际矿物化学公司十分欣赏韦尔奇的才华，他们向韦尔奇提出，只要他愿意加入 IMC 做一名化学工程师，他就能获得 25000 美元的年薪，相当于韦尔奇在 GE 公司的两倍。韦尔奇略做考虑，就接受了这个职位。

就在韦尔奇预备动身的这一天，GE 公司副总裁鲁本·加托夫闻讯赶到了塑胶部门。他对这位年轻的化工博士早有耳闻，尤其是他研制出 PPO 材料以后，塑胶部门的业绩直线上升。加托夫意识到，GE 公司应该留住像韦尔奇这样的人才并委以重用，不然对公司是一大损失，同时也增加了竞争对手的锐气。

加托夫找到了韦尔奇，极力劝他留在塑胶部门。他知道年轻人的脾气，便许诺给他以三倍于现薪的薪酬作为他的年薪，工作出色后还有奖励；并且答应他只要他工作再出成绩，就委以更多的重任。

加托夫使用更高的薪水和更高的职位诱使韦尔奇重新回到 GE 公司来上班，他成功了。这个来公司不到一年就想跳槽的小个子青年在之后 40 年内一心一意在 GE 公司工作，并在 1981 年成了公司的总裁，领导 GE 公司雄踞全球企业 500 强中的第一强。

1963 年，加托夫果然没有食言，让这位年仅 28 岁的韦尔奇执掌 GE 公司塑胶部门化学发展运作部门。韦尔奇成了 PPO 工艺开发项目领导人，他们的任务是将 PPO 转变成具有商业价值的产品，但这种材料看起来并不具有很多潜在的市场价值，因为它很难塑造成型。但杰克坚持搞下去，后来终于找到了突破口，制成了一种在高温下具有很高的强度，并且容易塑造的材料。这种塑料制品的商业名称叫"诺瑞尔"（Noryl）。

1965 年，韦尔奇建议 GE 公司建造一座价值 1000 万美元的工厂生产诺瑞尔。到了指定一名经理的时候，没有人愿意接受这个工作，都不愿为一种商业价值未能证明的产品去冒险。惟有韦尔奇渴望这个工作，他知道这是一场艰苦的战斗，但是他所具有的能力却是其他搞技术的人员所缺乏的，那就是销售一种产品的能力。他感觉到，应该先把诺瑞尔卖给 GE 公司内部的诸多企业，但当时所有的家用器具都是用金属制造的，韦尔奇就用诺瑞尔制造出了电动罐头起子，这样他就有了一种可以销售的终端商品了。借此他让人们相信，诺瑞尔还可以有许多其他用途，包括汽车车身和计算机外壳等。

1968 年，来到 GE 公司只有 8 年的杰克·韦尔奇成为了 GE 公司最年轻的一位总经理，负责整个塑胶事业部门，其中包括莱克森与诺瑞尔两个新商标产品。1981 年，他成为 GE 公司的第八任总裁，同样是该公司历史上最年轻的总裁，也是被人们评价为最有魄力的领导人。

事实证明 GE 公司副总裁竭力挽留韦尔奇是个英明无比的决定。类似韦尔奇这样的人才在公司中有很多，作为一个管理者要尽最大努力去留住这些进取心强的人才。下面是留住这些人才的几个简单方法，相信会对管理者有所帮助。

（1）时常与员工交谈工作，使双方就有关问题达成一致。

（2）给人才委以更多的责任。

（3）了解员工的思想活动。如果说一个管理者有责任对其员工的思想状况敏感地作出反应，那么虽然难以探测他们心中的秘密，起码应使员工能够接近自己，并暴露思想动态。

（4）大胆起用。在任何一个公司，新聘用的刚刚从大学毕业的优秀生最容易跳槽（一般在两年之内）。他们是公司花了很多心思争取到的人才，这样失去，会给公司带来许多损失。

（5）对能力突出的人才给予快速提拔。有时候，企业有幸得到一个能力极强、以致没有人会怀疑他一定会沿着台阶一直上升的员工。这时，管理者在提拔这个员工时需多动脑筋，如果处理得好，你不仅不会失去他，而且还会给公司带来许多价值与财富。

（6）提供丰厚的报酬。较高的报酬当然是吸引人才跳槽的主要原因之一。在进取心强的员工看来,它至少是体现了公司对自己能力的重视,是区别于一般员工的一种有效方式。

设法满足人才的需求,让他们自动留下

企业最大的资本就是人。一个人选择一个企业,是有多种动机的,或许是为了谋求更大的发展,或许是能多赚一些钱养家糊口。如果他们的愿望得不到满足,就会很失望,进而就会离开企业。反之,他们会自动留下来。

日本东友公司是一家大型管理咨询公司。20世纪90年代初,公司有了很大的发展,利润极其可观。为了能让公司有更大的发展,总经理三本先生决定高薪引进一批人才。很多优秀之士看好东友公司的发展而加盟。

但是由于公司规划的一些失误,没有能及时安排这批优秀之士。他们在公司里等待机会被重用,却一直未能得到满足。于是很多人失望地离开了公司,并且拉走了公司的客户,使公司遭受了惨重的损失。

由上面例子,我们可看出,招来了人才,并不等于有了人才,人才是要采取方法来留任,为公司作出贡献的。

让人才自动留下来为公司贡献自己的力量可以说相当简单。关键就看你采用什么方法来满足人才的需求。以下是一些留住人才的简单方法。

(1)报酬是他们的第一需要

在很多员工心目中,报酬可能会占有很重要的地位,以高报酬满足他们的要求,才有可能让他们留在企业内。

李光前是新加坡南益集团的创始人。他对聘用职员都实行较高的报酬,在同类行业中报酬最高,同时,公司每年抽出20%的盈利作为该公司的年终分红。1950年,南益公司获利超5000万元,因而年终分红就达1000多万元,有的分公司的职员领到等于他们3~5年年薪总量的年终分

红，少则也有数月月薪的分红。如此高的报酬使员工积极性得到了很大的发挥，保持了人才的稳定。

松下曾说："员工有了安定的生活保障，才能发挥十二分的努力，勤勉工作。"有"精神教父"之称的松下，深深懂得精神的力量是以物质力量为后盾的，安定员工的生活，解除员工的后顾之忧，才是员工动力的永久源泉，也才能留住人才。公司想要留住人才的简单方法就是不断改革工资制度，不断提高薪水。

1946年经营方针发表会上，松下向员工宣布："今年我一定实行高薪资、高效率制度。"

当时，松下电器处在战后最困难时期，但松下却把高工资放在首位，欲借高工资刺激员工劳动热情，创造效率。

1966年3月，松下电器取消"年功序列"工资制，公布实施"分类工作工资制"，建立了工种与工作能力相结合的工资体系，规定25岁以下的职工按不同年龄、26岁以上的职工按不同工种，都定有最低保证工资。这种工资制，有利于调动积极性，同时也推动了工资总额的上涨。松下说：进行改革时，工资总额总是要增加3%～5%的。到70年代，松下电器员工平均工资超过了欧洲国家，工资的增长促进了效率的提高，同时也为松下的发展留住了大量人才，很少有员工辞职的。

（2）把员工与企业的发展联系在一起

采用一定的制度，使员工个人与企业的发展紧密联系，从而留住人才。

杜邦集团有一套独特的留人制度。它采用分散股权的方法，使雇员效忠公司，他们不仅对公司的经理人员、中层管理人员分摊股票，而且允许并且鼓励普通雇员购买内部公司债券或股票；除利息和红利外，这些股票在5年内每年每股另加额外股息3美元作为雇主对雇员的特别分配。持有股票的员工自然要比股票市场上的投机商更持久关心杜邦未来的发展，自然对自己的工作会更努力。

在杜邦的管理中,始终对员工灌输着这样的思想:"拥有股票就是所有者,劳资天然是一家。"显然,这种做法的收益是双重的:一是用小额股票把雇员绑在了公司上,乖乖地听任老板们的摆布;二是由此公司聚集起更多的资金。

受其影响,通过"股票所有权",工人就能掌握生产资料的思想遍及美国。

杜邦公司利用这种建立"命运共同体"的方法有效地吸引了人才,留住了人才。让雇员认识到自己是公司的主人,这样雇员怎能不全身心地投入杜邦的事业呢?又怎能不使杜邦人才荟萃呢?

(3)让员工有被认同感

这是一个很重要的问题,员工被委以重任,就会使他有一种被认同感,自身价值得以实现,自然会留在企业内。

一般的做法是:当员工在某一职位得到充分锻炼,有能力承担更高职位时,就可赋予他新的职位。

三菱公司每年都进行一次人员评定,在评定中如果发现有特别突出优秀的员工,就会立即进行提拔,委以重任。如果过一年进行重新评定时,发现他在同类职务中还是很突出时,又会把他提高到更高职位,以发挥他的才能。

如此,使公司从内部保留住了很多人才。

(4)良好的福利制度也很重要

福利制度的建立,能使员工感到公司是真正想留住人才、重用人才的。如今,很多人选择公司时,都把是否有良好的福利制度作为考虑的重要因素之一。

新加坡南益集团自1951年开始实行"休养金"制度。该制度规定,南益公司员工每月从薪金中扣除5%,公司则付出该员工月薪的10%,存入银行的特别账户，员工退休时转入各员工的名下，使得员工退休后的生活有了保障。

南益公司还制定了"居者有其屋"的计划，即南益公司属下的每一位职员都拥有自己的房屋。公司以无息贷款的方式，把大约3年的薪金总额借给职工买房屋，房契的业主是公司的名字。然后，在每年的年终分红中，将该职员的分红扣除一半，作为偿还公司的房屋贷款，直到还清为止，此时公司才把房契移交给该职员。

由于南益公司实行终身雇用制，职员待遇优惠，分红丰厚，而且"居者有其屋"，因而他们都成为南益公司的中坚分子。所以，在新加坡流传着这样一句话："没有人有本领挖走南益的职员。"

不合理的禁令会"逼"走员工

在家中，如果有性格不合的家庭成员，会使天伦气氛大为失色；在办公室，如果有格格不入的上司，会使下属倍感泄气。上司的表现，直接影响下属的工作投入感；遇上惟我独尊、没有商量余地的上司，与下属的感情必然不佳。

某外贸公司的总经理李某，是年轻有为、靠才能攀上高位的人。该公司中一位董事王某，却是靠父亲稳坐高职的。王某视员工为赚钱工具，没有感情可言，只是与较高职位者稍有联系。

王某嘱咐秘书预备一张告示，说明雇员不得在办公时间内交谈私事，以免影响工作。此外，还列明一连串的禁止事件，例如雇员不得在工作岗位上吃东西、不准喧哗等。又设立雇员报到册，由接待处负责登记迟到的职员。

禁止令实行后，不少职员因连续3次迟到10分钟，公司即发出警告信。一些无意间高声说话的，也遭到王某的耳目传递消息，被提出警告。

两个月后，办公室的气氛一片静寂，一些本来非常活泼的下属，都显得没精打采。以至其中一位职员递上辞职信，立即引起其他职员的联动。在以后的3个月内，共有5名职员先后辞职。辞职信均表示要"转换环境"，更有一位直接说明是不满公司颁的禁止令，使他感到对公司再没有归属感，因而辞职。

李某感到很不高兴，便向其他的董事提出抗议，阐述雇员流失率高，会浪费公司的资源；而且聘请新人，未能一下子跟上进度，工作效率和质量将会受到打击。其他董事也知道事态严重，如果不正视雇员流失的现象，确实会对公司造成一定程度上的影响。

经此调停，办公室逐渐恢复昔日的热闹气氛，雇员的流失及时被控制下来。

此事说明，不合理的有违人性的禁令不但不能促使员工提高工作效率，相反还会致使工作环境变得死气沉沉，"逼"走员工。所以聪明的管理者该放手时就要适当放手，以实现融洽良好的工作气氛，从而留住员工。

平等对待员工，让他们有"家"的感觉

管理者要想真正留住人才，和员工们在一起时，可以不只是上下级关系和工作关系。在工作之外还会有同情共感、痛痒相关的关怀，也可以在工作之余共同娱乐。总之，管理人员要明白只有把员工当作家庭成员对待，与其亲切友善打成一片才能实现成功的管理，而与员工亲切友善打成一片的最简单方法就是实现平等管理。

员工跳槽带来的不仅是缺少了人才，而且还会带走公司的专有技术，反过来为原来的对手工作，这时的损失往往是不可估量的。不过，有一点应十分清楚，无论在哪里工作，任何一个人才都不存在既定的模式，而是

由志趣决定的。即使是那些跳槽的人，也不愿意平白无故舍弃干得很顺心的工作。那么，既然想留住这样的人才，我们又何不去满足他们的志趣追求呢？

因个人自尊心而产生的要求平等的精神、平等的意识在企业人才管理中是不可忽视的。优秀的企业家和管理人员都十分重视这种平等精神，准确地把握并合理地安排员工，使企业上下齐心，使老板与员工们和谐相处。

在管理中，所谓的平等，只是指老板和管理人员一视同仁，使员工们在同等的情况下感受的待遇相同，而且还指老板、管理人员与员工相"平等"。对员工的尊重和信任是企业管理的核心内容，而这核心内容之首就是要求平等。

目前，美国的一些大公司已经取消了经理、董事和其他管理人员专用车辆、专用洗手间、专用餐厅，他们在工厂与工人们交谈、争论，有时也跪在地上和工人们一道摆弄有故障的机器。日本的企业更甚，公司经理、董事长在工作时间同工人穿一样的工作服，一起干活；下班后一起到酒吧喝酒聊天，到舞厅娱乐……总之，他们都取消了自己的特权，放下了高高在上的指挥者的形象，破除了他们身上保留着的"神秘"和"神"的幻想，以平等的身份感，以"人"的形象走向员工，与员工们亲密相处。从而激发了员工们的工作热情，打消他们想跳槽的想法，有了归属感、安全感、认同感，以轻松的心情投入工作，发挥出最大的积极性和创造力。

在目前的一些企业中，平等意识还不够浓厚，老板和管理人员以"统治者"的面孔出现，"脸难看，话难听"，往往伤害了员工的自尊心，打消了他们工作的积极性，造成上下不和谐，影响着企业的发展。像某些企业的干部配有专车、专用餐厅，发福利时领的东西都比员工的多，甚至连劳保用品和工会发的电影票也有区别；还有些管理人员挖苦讽刺员工像训斥小孩子一样。

企业管理是对人的管理，老板也应是"人"，不能把自己当成"神"，人与人之间虽然职务不同，但在人格上都是平等的，都应该受到尊重。讲究人本思想，像欧美企业的老板那样，以"人"的形象站在员工面前，以平等的身份与他们共处，员工们必然会喜欢你，从而不愿离开公司。

其次，平等管理是要你对部下和员工亲切友善，具有关怀同情之心。管理人员对部下和员工若能亲切随和、笑容可掬、不摆架子，就会使他们感到老板很有"人情味"，他们也会更加努力地为公司、为企业效劳。这样一个企业就能上下沟通协调，气氛轻松活泼。

有些管理人员，看到员工犯了错误，或自己在别处受了气，就朝员工发脾气，拍桌子，瞪眼睛，大吼大叫，员工们见了他仿佛老鼠见了猫。其实这样的管理人员的水平是很低下的，不能自尊自爱，用不了多久便会威信扫地。这种管理人员有一个就够了，就能让公司里面天天有戏可看。他的所作所为不但伤害了部下和员工的自尊心，侮辱了他们的人格，而且破坏了企业的凝聚力与和谐气氛，是很不明智的。

管理人员应该像对待家中亲人一般把自己的热情送到每一位职工的心坎上，而不要仅仅只做一些表面上的文章。当员工生病住院时，送上一束鲜花，当员工生日时，给他以热烈的庆贺。如果老板工作过忙，让秘书代劳也是可以的。这样做的目的就是要让员工能感受到领导管理人员对他个人的关心，使他感到自己是公司大家庭中的一员。这样他们不但把公司的事情看成是分内的事，自觉担起责任，肩负起一种使命感，也使他能敬重领导，从而使上下关系打成一片。

单靠金钱并不能留住人才

金钱在社会中的作用并不是万能的，这个道理非常简单，尤其对于年轻的新员工，有时候他们看重的并不是金钱，而是企业的发展环境和自己的发展前途。美国的沃尔克教授说:"对于留住人才的重要因素,人们往往以为是金钱,其实并非如此。他们在一段时间内可能会关注薪酬,但员工如果对工作失去了兴趣,单单靠金钱是不能留住他们的。"

经过调查,许多公司发现,向员工承诺吸引他们的更好的其他条件比较能吸引他们的注意。这些条件包括对工作的满意程度,对集体的归属感,处理好工作与生活之间关系的能力,以及个人发展的机会。联信公司人力资源部经理丹尼斯说:"这听起来似乎有点可笑,但留住人才的艺术和经验告诉我们,这些东西虽然很简单,但却是非常重要的。"因此,虽然一些留住人才的计划主要包括增加奖金和公司提供后勤服务,以及使生活更加舒适的特殊待遇,但更加重要的战略则是以发展计划为核心。

具体说来,要想留住人才,以增强人们对公司、对企业的忠诚度,以下是几种简单但对管理者绝对有用的方法。

(1)企业内部机制要合理

对员工来说,一个企业的内部机制是否完善是能否留住他们的一个重要因素。尤其是员工的绩效考核机制。试想如果一个员工刚到企业不久,就发现企业的考核评估机制不健全,因而导致企业对员工的待遇不公。自己辛辛苦苦工作了一段时间,最后工作成果却被别人占为己有,或者自己付出的劳动和自己的所得不成比例,那么他还有什么积极性可言。最后辞职肯定是必走之路,就算是他一时找不到合适的工作而不离去,但是其工作效率之低也就可想而知了。所以企业要想留住人才,首要的条件就是健全其内部机制,让员工能真正地学有所长、学以致用,能真正把员工对企业的贡献和企业对员工的报酬二者之间有机地联系起来。这样才能有效地减少员工因横向比较感到待遇不公而流失。

(2)对员工要以诚相待

环境对人的影响是不容忽视的。尤其是对刚进入企业的年轻人来说,他们不仅重视企业内部的人文环境,而且还重视企业为他们所营造的学习环境。

日本企业家之父涩泽荣一在其广为流传的名著《论语加算盘》中说，真诚、诚心是商战中制胜的法宝。日本企业创造的奇迹说明了他的论断。在同美国企业的激烈竞争中，日本企业内部良好的人系关系大大提高了其竞争能力。日本企业家对员工能做到以诚相待。如果公司面临困境，老板会把真实情况告诉员工，然后群策群力，共渡难关。正是这种相濡以沫的真诚使员工能以公司为家，竭力为公司奉献自己的聪明才智。相反，一些美国公司为了追求短期利益而不惜欺骗员工，员工与老板之间的关系缺乏真诚的基础，从而影响了公司的竞争能力。

（3）重视有潜力的人才

员工初到企业，往往会怀有雄心壮志，希望能在自己的岗位上大显身手，作出一番事业。尤其是那些刚刚从大学毕业的优秀年轻人，一般情况下，公司会花很大力气和金钱去争取他们，但是争取到以后，却又把他们扔在企业底层而不加过问，成为企业忽略的人才。企业的管理者却不知道一个精明的、怀着雄心壮志的员工，如果在加入公司后被扔在底层，被人忽视，那么他很可能就要离开公司去寻找一个新天地了。

如果你认为某一个员工确实是能力超群，比别的人都优秀，没有人会怀疑他在以后的工作中会成绩出类拔萃，那么，你可以以快速提拔的办法让他升到一个比较重要的位置。当然你在提拔他的时候一定要多动脑筋，因为对他的快速提拔会招致别人嫉恨从而可能会给你的公司机构带来破坏，如果没有处理好这个问题，你不仅会失去他，同时还会得罪其他留在公司的职工。不用说，这是一个很大的烦恼，但是请不要着急，有种方法可以简单应对。请看一个例子：

一家公司曾聘用过一位年轻人在海外某部门工作。几个月后，他就显示出非凡的能力，其上司与之相比也显得黯然无光。如果将年轻人提拔到他应该的位置，那么他的上司将会因为不满而破坏公司的安定。于是公司把他调到公司另一个驻外代表处担任主任，充分发挥他的才能，那位年轻人实际连升了三级，但公司没有人注意到他的三级跳，也没有人发牢骚。这真是一个皆大欢喜的做法，对企业、对个人、对员工三者都有益而无害。

(4) 攻心有法

兵法有云："攻城掠地为下，攻心为上。"这实在是兵法里的高招。如果能攻下对方的心防，有时候不费一兵一卒就可以占领城池。同样要想留住人才也是一样，如果你不能留住他的心，留住他的人有什么作用？就像三国时的徐庶一样，"身在曹营心在汉"，所以留人要留心。

首先，要对跳槽者在公司组织中的地位与贡献作出肯定，说明公司的发展需要他。然后，畅谈公司发展的远大前景，给他一个大大的许诺。例如，"公司打算引进国外先进设备，一定派你考察学习"，或者"要组建新的投资公司，一定派你全权负责"，"来年要实行期权奖励，你算一算，你的收益是多少？"等等。这里的前提是你的信誉很好，有过兑现承诺的记录。承诺的作用是先给他们些诱惑，靠以后的攻心战赢得时间。

这些想跳槽的员工大多是"身怀绝技"的人，或是怀有雄心壮志之辈，他们多要选择"人往高处走"的明智策略，到预期收益与发展机会都优越于你的企业工作。如果使用高压手段硬留他们，只会导致鸡飞蛋打，不利于问题的解决。对待他们，你最好本着"攻心为上，真情感动"的原则。

攻心要以情感人，以理服人。要用真诚去打动部下的心，堵住部下将要提出辞呈的口。晓之以理地谈及公司为他个人的发展作出的巨大投资，以唤起部下的良知，真正留住他们的心。

(5) 满足员工的兴趣

一个员工如果对于自己的工作不感兴趣，那么他就很难有心情去做事。其实有时候，他的工作表现并不能显示他对工作的热爱。常常有这样的情形，某个员工仅仅依靠自己的才能和遵纪守法就能够在某个岗位上工作得极为出色，而实际上他对这项工作毫无兴趣。

例如，在某部门有一位经理工作极为出色，打破销售记录，可是他内心梦想的工作却是该公司的电视部。从公司的角度考虑，他当然应该留在原部门，继续创造记录。但现实问题是，他一心要搞电视工作，如果其他公司满足了他的要求，他很快就会离开公司。

因此，面对这种情况，企业的领导者就必须考虑这样一个问题，究竟怎样才能满足员工的志趣要求？作为一个人才、特别是作为一个优秀人才，自我价值的实现对他来说十分重要。我们也会从许多员工的意向中发现，他们首先考虑的最重要因素不是金钱，而往往是某项工作是否符合职业长期发展的要求。

（6）建立互相信任的关系

管理者要想发挥员工的最大潜能，就要信任员工，放心他们去工作，绝不能让他们老是处在一种被监视的状态下工作，以致使他们背上了心理包袱，这样对他们、对企业都没有好处。这其实涉及到一个互信的问题。互信是人际关系的基础，尤其是具有人才特质的人，总是希望主管能有"我办事，你放心"的心态，在工作上才能放手去做。

如何在企业内部建立更好的互信关系呢？除了要应用管理控制的科学管理方法去除互信的障碍外，管理者还要保持经常与员工进行思想交流。

和员工经常交流思想的做法从本质上说应是互动式的，既需要员工能解除思想顾虑，向管理者诉说自己的思想波动和要求，但更重要的是，管理者自己能够让员工感觉到你和他们没有距离。一家成功企业的总经理曾经很自豪地谈起他与员工相处的方式：他与员工一起工作，一起吃饭，一起读书，慢慢地，企业内形成了一种氛围，大家一起享受成功带来的喜悦，也一起分担困难带来的忧虑。和员工们建立伙伴关系，首先要出自于真诚的心，互相扶持，这样员工们才会付出更大的努力，作出更多额外的贡献。

（7）给每一个员工明确的目标

有人曾经生动形象地做过这样一个比喻：在某种程度上，一个公司就像一支足球队，员工就像足球队员。高薪可以为球队聘到大腕球星。但是，如果这位球星一年都没有上场，他肯定会离开这支球队。公司也是这样，有的公司炫耀自己有多少博士、硕士，但这些人却无事可干，过不了多久，他们都会走的。公司留人的目的本身就要发挥他们的作用。因此，为了让每个员工都实干，公司必须将自己的目标细化，使每一个员工都有自己明确的目标，并以此作为考核标准。

不愠不火应对员工的不满

管理者一旦遇上脾气暴躁的员工对工作不满，在其意欲发泄一通，然后递上辞呈的时候，最好的办法是不愠不火以好言相慰，"软"永远比"硬"更易留住人才。

川田顺是日本东京大学毕业生，毕业后进入"住友财团"。几年后，"住友"内部改革职务制度，与此同时，人事也作了变动，川田顺由原来的副负责人兼会计课课长，"降格"为会计部第一课课长兼第二课课长。

新的组织结构，将原来的会计课一分为四，然后在上面设置总长。川田顺失去了副负责人的头衔，同时又没有当上部长。同事们很感同情，纷纷前来慰问。

川田顺脸上堆满笑容，一一应付，但是内心觉得遭受侮辱，愤怒异常。

川田顺自认在工作表现上很是杰出，没有任何理由应当遭受"侮辱"。如果公司方面打算免除自己的会计课课长职位，只要予以调任到其他部门即可。川田顺认为：把我安置在原有的部属与同事面前，却降了两级，住友的人事政策，实在是一种非人道的行为。激愤不已的川田顺，决定直接找公司总经理铃木马左也交涉。

不过在前去交涉之前，必须"准备好万一辞去住友的工作，也能够吃一百天饱饭的薪饷"。于是川田顺去拜访大阪每日新闻社的部长薄田。

川田顺除了在公司工作外，还是一位有名气的诗人，薄田也是很著名的诗人。川田顺向薄田要求，一旦辞去"住友"的工作后希望能够在报纸上写小说，当即获得薄田的承诺，川田顺就勇气十足地赶到铃木马左也家。

见到铃木马左也后，川田顺强调说："住友的所作所为偏离了正道，应当待'士'以道，即使是薪水微薄的我，依然是一名'士'。"

铃木马左也一边听着，一边用手摸着下颚，频频"嗯嗯"地点头，最后，脸上带着温和的笑容说："你能说出待士以道这句话，真不愧为汉学家川洲老师的儿子。你的问题，我已经非常明白了。中田锦吉、小仓正恒几个负责人那儿，我会作适当的吩咐，你就安心地在住友待下来吧。人的一生会有许多不同的遭遇，往往无法尽如自己的意思，不可以为一点小问题就弄得毛躁不安。"

川田顺进入铃木马左也的家门时，满怀怒气，抱着吵一架就一走了之的决心，结果让铃木马左也轻描淡写地说了一顿，怒气全消了，老老实实地离开了铃木马左也家。

管理者要记住，应对此类情况的最简单的招术是不愠不火对之，当能收到最佳效果。

建立内部劳工组织，稳定员工的心

要想留住人才，先要留住员工的心。松下就别出心裁建立了"步一会"，此法简单有效，管理者们不妨拿来借鉴。

1919年，日本的经济正处于短暂的繁荣时期，就业机会比较多，劳工的流动甚为频繁。今日还在此处上班，明天就可能流向另一家企业。这给劳工的使用者造成了一定的心理压力。松下回忆当时的情景说："每天早晨，我都担心昨天的人今天还能否来上班，不禁走向门口，东张西望，伫足等候。看到自己心里想的工人来上班，心里便如石落地，高兴地和他们一起工作。"随着人员的流动和增加，以及社会形势的影响，企业情况变得复杂起来。

第一次世界大战结束以后短暂的经济繁荣很快就过去了，随之而来的是萧条、不景气。

与上述情形相反，此时的劳工，再不那么难以找到了，但失业率的上升并未使这些人安分多少，反倒变得偏激、易冲动，劳工运动此起彼伏。

对松下电器制作所来说，规模日益扩大，1918年底雇用近20人，1919年中已达27人。虽说工源不乏，但松下还是感到有必要慎重地对待劳工问题，想出一套行之有效的办法来，形成长期稳定的制度。基于这种考虑，松下建立了内部劳工组织"步一会"。

这是一种新的企业用工制度的改革。松下组织"步一会"，目的是使所有员工团结一致，亲爱友好，共同推进工厂生产和销售的繁荣，提高大家的生活水平。也就是说，这个组织虽然有些近似于工会，却不是一个偏向于某一方的、激进的组织，而是一个充满和善、亲睦的事业的、情感的集体。松下认为：大家有缘到松下电器来工作，希望这些员工都能提高生活水平，过上幸福美满的生活，这是一个企业经营者应该抱定的信念，也是神圣的责任。至于处理各项事务和具体业务，最要紧的则是大家同心同德，亲密无间，互相帮助，彼此合作。从这样的认识出发，松下电器为了区别于劳工运动组织，决定为这个组织取一个独特的名称。

起初，松下想了许多名字，都不满意。松下正为此烦恼之际，从前曾

第 09 章
留住英才是成就事业的关键

在一起艰苦创业的经田延次郎来访。他向松下建议说:"既然是要统一步调,就叫'步一会'嘛,为什么尽往难处想呢?"经田还解释说:"这可以有两层意思。一是大家步调一致、精诚团结、同心同德、上下合作;另一层意思,是要一步一个脚印,踏踏实实干事情,杜绝空谈,扎实向前。"经挚友经田的点拨和解释,松下豁然开朗,觉得"步一会"这个名称既简单明确,又寓意丰富,于是决定采用这个名称。

1920 年 3 月,松下电器制作所的"步一会"正式成立。

1933 年,松下电器公司制定了"步一会"章程,主要内容如下:"步一会"系 1920 年 3 月由松下电器制作所的全体从业员工组织成立。该会之设立,旨在会员亲爱和睦、互助互济,以增进福利,促进该会业务发展,并推动松下电器制造公司的业务发展。故离开松下电器公司即没有"步一会"的存在,松下电器的繁荣亦意味着"步一会"有扩展;同时,"步一会"的进步,亦标志松下电器的顺利和繁荣。无论"步一会"还是松下电器的发展,有赖全体员工的精诚努力、团结合作。"步一会"成立的意义即在于此。尚请会员自重自爱,协力互助,为达成我们共同的目标,坚强勇猛地不断奋斗!

"步一会"的成立,确实起到了团结员工、精诚合作的作用,松下电器的内部体制得以稳固。缘此,松下可以进一步地开拓业务,有力进取。

坦率地说,松下成立"步一会"的直接动因,可以说是比较单一的,那就是稳定员工队伍,使大家诚心合作、发展事业。但是,理想主义的松下,总希望把所有事情都办好,他往往能变坏为好、转被动为主动。因而,使直接动因近乎为防御而成立"步一会",经他的努力,变成一项颇具建设意义的事情。把员工和老板、和公司团结在一起,一损俱损,一荣共荣,这种思路,正是松下的高明之处。

在经济活动中,劳资对立,从资本出现的那一天起就存在,迄今为止,尚未消灭。日本如此,大阪如此,松下电器公司亦如此。不过,由于经济关系上的差异，对立的程度有不同，对立的方式也有不同，甚至还会有短时间的、甚至是某种程度的和睦相处。如何看待和处理这种对立对企业的发展非常重要。这方面，松下显然有他的独特见解。松下处理劳资关系问题的办法和理想值得我们借鉴。

松下认为，对一个企业来说，劳资双方就如一部车子的两个车轮。对于企业这部车子来讲，这两个车轮的大小和运动速度必须是统一的：哪一个大了、快了，都不行；同样，哪一个小了、慢了也不行，必须步调一致，车子才能跑得快、跑得好。因此，在工运风潮时起的时候，他反其道而行之，一改资方害怕劳工组织的态度，主动设立"步一会"。松下的确有过人之处。

冷静面对优秀员工的辞呈

优秀员工的跳槽时常困扰着管理者。那么，当优秀员工递上他的辞呈时，管理者该怎么办呢？以下是经过长期实践总结出来的一些简单方法。

（1）即刻作出反应

如果企业十分想留住这位员工，那就没有什么事比立即对离职作出反应更重要了。管理者的任何延误，例如"开完会我再和你谈"之类的话，都会使辞职不可挽回。带着紧迫感处理问题有两个目的：首先，向员工表明他确实比日常工作更重要；其次，在员工下决心以前，给领导最大的尝试机会去改变他的想法。

（2）封锁消息

绝对封锁辞职的消息对双方都很重要。对员工来说，这为他改变主意继续留在公司清除了一个主要障碍，这个障碍有可能使他在重新决定时犹豫不决。如果其他人毫不知情，他就不必面对公开反悔的尴尬处境。而企业在消息公布以前，能有更大的回旋余地。

（3）倾听员工心声

管理者要坐下来和该员工交谈，仔细聆听，找出辞职的确切原因。从员工身上了解到的情况要原封不动地向上级汇报，即使其中有对管理者的微词。还要了解员工看中了另一家公司的哪些方面，是环境更好，待遇更优厚，工作节奏有快慢异同，还是对事业看法发生了根本转变，这些显然是说服员工改变主意的关键。

（4）组织方案

一旦收集到准确材料，企业应该形成一个说服员工留下来的方案。一般而言，员工因为两个并存的原因而辞职：一个是"推力"，即在本企业长期不顺心；另一个是来自另一家公司的"拉力"，即站在这山望着那山高。一个成功的挽留方案，应该针对员工产生离职想法的问题提出切实的解决意见，还要使员工认识到，他对别家公司的种种好的看法不切实际。

（5）全力求胜

有了仔细规划的策略，就该着手赢回员工了。管理者对辞职快速作出反应，就是要让员工从一开始就感到，他的辞职有误会，公司也知道这是个误会，并将全心全意纠正失误。要是合适，管理者可以在工作时间之外和他一起用餐，如果员工的配偶是其辞职的重要因素，那就请来一起参加。

（6）为员工解决困难，把他争取回来

如果方案组织及时，又确实能纠正造成员工心猿意马的那些问题，员工可能会改变想法，除非辞职员工确实已对企业深恶痛绝。多数情况下，他们只是不满工作中的某些方面，或不喜欢直接上司。当他们能在别的公司找到工作时，这些问题就被放大了，因为打眼一看，那家公司好像挺能满足相应的要求。通过缓和在本企业的矛盾，突出与那家公司的不同之处，员工往往同意留下来是最佳选择。

（7）赶走竞争对手

要让员工给竞争对手打电话，回绝对方提供的工作，他应该坚定不移地表明，不希望再讨价还价或继续商量，他将留在本企业，他的决定是最终决定。让员工用这种方式向竞争对手表明态度，阻止那家公司企图再挖走该员工。

（8）防患于未然

整个过程剩下最后一步也是最重要的一步，管理者要坐下来，琢磨你的员工，想一想以后可能会在哪儿出问题。

赢得员工忠诚的六项工作

俗话说"水往低处流，人往高处走"，尤其是一些优秀的人才，总是在瞅准机会，时刻准备向"高处"走，所以作为领导者一定不能轻视这个问题。解决这一问题的最简单方法是赢得员工的忠诚，让员工懂得感恩。懂得对老板感恩，对企业感恩，对主管感恩。要赢得员工的忠诚，企业的领导者可以从下面的六项工作做起。

（1）实施目标管理

日本人曾做过一个试验。有一组人，要求他们站在墙壁旁用力地往上跳，将其在墙上留下的手印做上记号，再将每个人原先的摸高高度提高15%画一条目标线，再试跳一次。结果每一个人都可以超过划在墙上的目标线。

上面这个实验的结果告知我们，一个人有了明确的目标，不但可以激发他的潜能，更可以实现他的满足感，提高工作意愿。这也是目标管理（management by objectives）在近代管理中被企业界竞相导入的原因。既要有短期的目标，也要帮助员工建立长期的愿景，才能面对困难，迎接挑战。

（2）真诚建立伙伴关系

曾在报纸上看过一篇报道，一家企业的总经理很自豪地谈起与员工相处的方式：他与员工一起工作，一起吃饭，一起读书。慢慢地，企业内形成了一种氛围，大家一起享受成功带来的喜悦，也一起分担困难带来的忧虑。

建立伙伴关系，首先要出自于真诚的心，互相扶持，这样员工们会付出更大的努力，作出更多额外的贡献。

（3）要给予应得的待遇和福利

在拜金主义、功利主义横行的年代，物质仍是员工们的首要追求。既要有忠诚的员工，也要有大方的老板，毕竟金钱是最实惠的东西。

（4）要提供成长的机会

协助员工规划生涯发展计划，并提供教育训练，也就是提供成长的机会。同时企业也应制定明确的升迁制度，使努力的工作表现能与员工在意的报酬结合。

日本年轻人找工作，通常不以薪酬的多寡作为优先考虑，而是把在工作中是否能有成长的机会，作为第一选择的对象。也因此，日本的企业很重视员工的前程规划，全力培养员工，提供成长的机会，员工也全心全意地为企业作奉献。这也许就是日本企业终身雇用制得以建立的缘由吧。

（5）要兼顾工作与生活需求的平衡

许多企业老板总是希望员工无私地奉献，这是可以理解的。

领导者总是希望员工能争取时间，并全力以赴去做好他们的工作。不过领导者们还要注意，除了考虑工作的达成外，还要兼顾员工生活的需求，因为两厢情愿才能天长地久。

（6）要协助谋生与乐生的结合

许多人是为了生活而工作，也有不少人在工作中找到了乐趣。

有人视看书是一种乐趣，也有人视为一种痛苦。同样的，工作若建立在正确的对待态度上，不光是谋生的方式，也会是件有乐趣的事。

第 10 章

引爆团队精神，让企业发展壮大

引爆你的团队精神

衡量一个企业是否有生命力，是否有发展前景，到底看什么？是看这个企业的理念有多么先进，还是看这个企业的资金有多么雄厚？是看这个企业的科技含量有多高，还是看这个企业拥有多少知识分子，拥有多少高科技人员？

这些都不是决定因素，关键还是要找企业内部的决定因素。而这个决定因素其实就是企业是否有团队精神，企业的下属是否具有团队意识。没有"团队精神"的企业，一切美好的想法和愿望都将成为"零"；没有团队意识的下属，无论学识有多高、技术有多精、学历有多深，都将不会使企业朝着有利的方向发展，一切才华、学识对于这个企业来讲或许都是"零"。

团队精神对任何一个企业组织来讲都是不可缺少的精髓，否则就如同一盘散沙。一根筷子容易弯，十根筷子折不断，这就是团队集合力量的直观表现，也是团队精神的重要之所在。

作为企业的领导，最重要的任务莫过于团队建设。团队建设包含三个步骤：首先，要做到用人之长，发挥每个下属的长处；然后让下属互相配合，得到一加一大于二的效果；最后也是最重要的，就是打造凝聚力，让团队为了共同的目标而发挥出集体的威力。

如果把企业管理者和足球教练做一个对比，我们就会发现两者在各自组织中所担任的角色有很多相似的地方。比如企业管理者无法做到事必躬亲，足球教练也不会亲自上阵比赛，他们都需要指导、激励他人或者一个团队，通过组织的运行来实现某一目标。组织学专家保罗·赫塞（Paul Hersey）和肯尼思·布兰查德（Kenneth Blanchard）将领导定义为"通过与他人一起工作以实现某个目标"，领导力权威约翰·科特（John Kotter）

也曾指出，领导是"通过一些不易察觉的方法，鼓动一群人朝某个目标努力的过程"。因此，我们可以看到，一个足球教练的所作所为完全符合领导的定义，只是其目标、团队和手段更为特殊化；而一个企业的领导者的存在意义，正如一个足球教练，无非是让他的团队团结一致，不断进取。

我们强调"团队精神"的重要性，并非否定那些先进的企业理念，雄厚的资金基础，高科技的含量和知识的重要性。但是，我们必须要清楚地认识到，先进的理念固然重要，如果贯彻不下去，没有会接受的下属，那就等于零；雄厚的资金固然需要，如果落到贪官或者私心太重的领导、下属手中，得不到合理的运用，就像养了一群会把企业掏空的硕鼠；科技含量再高、知识分子再多，如果你做你的、我做我的，才能不去发挥、知识不去运用，只说不做，整天心思都用在损害企业利益、制造谣言矛盾上，这也就等于零！只有具备了"团队精神"的企业，才会形成一种无形的向心力、凝聚力和塑造力。

一个优秀的团队，可以把企业带到永续经营的高尚境界；一个优秀的团队，可以更好地达成企业的经营和质量方针；一个优秀的团队，是企业战无不胜、走向成功的关键。

在现实的企业竞争环境内，我们根本就不可能只凭着个人的力量来大幅地提升企业的竞争力，而团队力量的发挥已成为赢得竞争胜利的必要条件，竞争的优势就在于你比别人更能发挥团队的整体力量。

团队精神是团队稳定的保证

现代人偏好独立作业，喜欢在他们自己的时间和空间里，追求有创意的成果，而只有很特别的公司才能赢得现代人的承认和关注。评估一个公司时，首先要看看这个公司是否有明确的使命，因为一个没有使命感的团队不可能生产出有价值的成果。许多人不可能把创意自主性浪费在可能虚掷他们才华的团队上，为了将自我的目标与团队的目标合而为一，团队的目标必须一致、定义明确，这样才可能成功。

团队目标以组织为导向。现代人对团队目标的定义有更高标准的要求。团队目标如果是在没有职员参与的情况下所设定的，而又被突然宣布，并且强加在他们身上，那么这个团队目标最好定得非常完美。团队目标最好能提供职员成长和学习的空间，让他们有机会对宝贵的最后成果有所贡献。因为团队目标是他们工作价值的惟一参考点。

有的雇员指出："我们毫无团队精神可言，因为我们根本没有教练，因此也没有统一的使命感及目标。如果大家可以一起为共同目标努力，感觉一定很棒。可是没有人领导我们，所以大家要不就放弃，要不就是只为自己努力。在这样的情况下，成果永远都是不尽人意。"

有的雇员指出："真正的转折点是：我开始觉得我只是为公司工作，却不是公司的一分子。管理阶层完全未征询我们的看法，没有问我们的意见，没有解释发生了什么事或是变动的原因，便把每个人的工作做了一番重组。我们完全不被当作公司的一员，这对士气打击很大，每个人的生产力也大为降低。以我为例，我本来非常地卖命，常常加班，为工作付出许多心力。但是现在，我们对工作完全无法控制，把工作做好的希望破灭，而工作的成功与否也不再是我的问题了。"

对于许多下属职员来说，坚持制定工作议程和工作目标，却不提供必要的领导，以支援他们这些工作和目标的管理者，令他们感到失望。他们的创造自主性受到压抑，大量精力平白浪费在没有方向感的团队里，最终他们只好失望地离开。

那么，如何培养团队精神呢？

传统的组织管理模式和团队协作模式最大的区别在于：团队更加强调团队中个人的创造性发挥和团队整体的协同工作。如何协调个人成长与团队成长的关系，使他们能够相互作用、共同发展，这是一个值得讨论的话题。

团队精神都包含哪几方面内容呢？

（1）员工对团队的高度忠诚

团队成员对团队有着强烈的归属感、一体感，强烈地感受到自己是团队的一员，绝不允许有损害团队利益的事情发生，并且极具团队荣誉感。

（2）团队成员相互尊重

这包括两方面的意思：一是特定团队内部的每个成员间能够相互尊重，彼此理解；二是团队的领袖或团队的管理者能够为团队创造一种相互尊重的氛围，确保团队成员有一种完成工作的自信心。人们只有相互尊重彼此的技术和能力，尊重彼此的意见和观点，尊重彼此对团队的全部贡献，团队共同的工作才能比这些人单独工作更有效率。

（3）团队充满活力

一个团队是否充满活力，我们可以从三个方面看出来，这三个方面也是管理者要注意的地方。

①主动精神。团队是否有创造性的想法？是否积极思考，寻求问题的解决方案？能否发现机会，敢冒风险？团队是否能提供团队成员挑战自我、实现自我的机会？

②热情。大家对共同工作满意的程度如何？是否受工作的鼓舞？想干出成就吗？成功对大家有无激励？

③关系。团队成员能愉悦相处并享受着作为团队一员的乐趣吗？团队内有幽默的氛围吗？成员之间是否能共担风险？

那么，作为团队中的一员，我们应该从哪几个方面来培养自己的团队合作能力呢？

（1）寻找团队积极的品质

在一个团队中，每个成员的优缺点都不尽相同。你应该去寻找团队成员积极的品质，并且学习他，让你自己的缺点在团队合作中被消灭。团队强调的是协同工作，较少有命令指示，所以团队的工作气氛很重要，它直接影响团队的工作效率。如果团队的每位成员，都去积极寻找其他成员的积极品质，那么团队的协作就会变得很顺畅，团队整体的工作效率就会提高。

（2）对别人寄予希望

每个人都有被别人重视的需要，特别是那些具有创造性思维的知识型员工更是如此。有时一句小小的鼓励和赞许就可以使他释放出无限的工作热情。并且，当你对别人寄予希望时，别人也同样会对你寄予希望。

（3）时常检查自己的缺点

你应该时常地检查一下自己的缺点，比如自己是不是还是对人那么冷漠，或者还是那么言辞犀利。

这些缺点在单兵作战时可能还能被人忍受，但在团队合作中就会成为你进一步成长的障碍。团队工作中需要成员一起不断地讨论，如果你固执己见，无法听取他人的意见或无法和他人达成一致，团队的工作就无法进展下去。

团队的效率在于配合的默契，如果达不成这种默契，团队合作可能是不成功的。如果你意识到了自己的缺点，不妨就在某次讨论中将它坦诚地讲出来，承认自己的缺点，让大家共同帮助你改进。当然，承认自己的缺点可能会让人尴尬，但你不必担心别人的嘲笑，你只会得到同伴的理解和帮助。

（4）让别人喜欢你

你的工作需要大家的支持和认可，而不是反对，所以你必须让大家喜欢你。除了和大家一起工作外，还应该尽量和大家一起去参加各种活动，或者礼貌地关心一下大家的生活。总之，要使大家觉得，你不仅是他们的好同事，还是他们的好朋友。

（5）保持足够的谦虚

团队中的任何一位成员都可能是某个领域的专家，所以你必须保持足够的谦虚。任何人都不喜欢骄傲自大的人，这种人在团队合作中也不会被大家认可。你可能会觉得某个方面他人不如你，但你更应该将自己的注意力放在他人的强项上，只有这样才能看到自己的肤浅和无知。谦虚会让你看到自己的短处，这种压力会促使你在团队中不断地进步。

团队精神对现代企业管理尤为重要，管理者只有激发员工的团队精神，维持整支管理队伍的团结合作，才能保持整支队伍的精干统一，最大限度地发挥团队的整体优势。

建立一支优秀的团队

在现代企业的运作中，规模越来越大，涉足的行业面越来越宽，聘用的员工越来越多，当然，所面临的环境和问题也越来越复杂。特别是项目管理的兴起，一项工作所涉及的人员、部门越来越多，有的甚至要求员工跨国合作，要求上下游供应商和客户的参与。

跨国公司利用分布于世界各地的人才进行项目开发早已不是什么新鲜事，诸如波音777、空客A380之类的需大量整合外部资源的项目也正日渐增多。面对难以预见的大量问题，错综复杂的各种关系，已不是某个超级英雄仅凭一己之力所能胜任的。个人英雄主义的时代已经过去。没有一个目标一致、分工明确、组织有序的团队，要面对急剧变化的环境及日趋激烈的竞争，别说发展，生存都将是问题。

团队的战斗力远胜于个人。团队不是随便一群人的简单组合。管理大师杜拉克曾说过："组织（团队）的目的，在于促使平凡的人，可以作出不平凡的事。"团队概念强调整体的利益和目标，强调组织的凝聚力。团队中的每一个人围绕着共同的目标发挥最大潜能，而管理者的任务主要是为员工创造积极、高效的工作环境，并帮助他们获得成功。团队之所以能够起到1+1＞2的效果，主要是因为团队中的每个成员都能为了共同的目标齐心协力、同舟共济。

大雁是一种天生的合作者。当人们看见成群的大雁排成"人"字型队伍步调一致地飞行时,不禁为它们的表演而惊叹。科学家发现,大雁以这种形式飞行,要比单独飞行多出12%的效率。因为为首的大雁在前面开路,能帮助它两边的雁形成局部的真空,从而减少飞行过程中的空气阻力。更可贵的,在飞行过程中领头雁并非一成不变,而是会定期变换。

过去,管理者集各种大权于一身,处处小心,大事小事都一个人说了算,管理起来费时费力。而员工惟一的工作就是服从指挥,领导怎么说,员工就怎么做,也不必对结果负责。而现在,企业更需要团队合作,那种以权力为中心、自上而下、等级森严的管理方式已经不再适应时代的需要了,上下级角色正在发生彻底改变,级别关系越来越模糊。

在团队中,并不特别强调权力,而是强调以"自我承诺"来实现共同目标。管理者不再是集权者和发号施令者,他们正逐渐向教练、顾问、推动者、支持者和服务者等角色转变,同时,他们的管理压力也相应降低。而员工被赋予更多的权力、更大的灵活性和更广阔的空间,他们有权决定采用何种方式完成任务,而不需要再等待来自于上级的指令。通过团队合作,提高了员工在企业中的地位,员工参与决策的程度越来越高,对企业的责任感和归属感也越来越强。每个人都积极主动地参与团队工作,自觉地分担压力和困难,工作效率与效益大大提高。显然,员工在积极主动的工作状态下与在被动服从的情绪中所创造的业绩有着天壤之别。

"完美的个体"是不存在的,但建设一支"完美的团队"却是完全可能的。组建优秀团队并保持其高效运作要注意以下几点。

(1) 保持团队的多元性

团队中应包括不同个性和不同才能的人,这样可以充分利用员工各自的特点进行优势互补,从不同角度保证目标的实现。总之,人才越丰富,组成的团队就越出色。

（2）确定合理的目标

目标为团队指明方向，应能代表团队的意志，获得团队中大多数成员的认可。

（3）为团队掌好舵

作为团队领导者，最重要的职责之一就是在保持组织活力的同时，确保企业或团队始终朝着一个方向发展，始终不偏离目标。

（4）容许员工犯错，并立即予以纠正

没有人永远不犯错，关键是要使团队所有员工从错误中获得教训，使之成为一笔财富。

（5）充分利用个人魅力

领导者应充分尊重员工的个体差异，包括他们的性格、信仰、成长背景、家庭背景、价值观及需求。领导者应有宽广的胸怀，能够坦然接受员工的意见和建议。切忌居高临下，任何时候都不要摆出一副不可侵犯的面孔。除此之外，适当的放权也是必须的。

（6）少插话，少插手

作为团队领导者，应适时控制自己发表演说和多管"闲事"的欲望，给下属更多参与的机会和发挥的空间。不必担心员工会将事情弄砸，他们根本不像领导者想象的那样脆弱和无能。每个人都很有潜力，如果给他们机会，他们往往干得比期望的还要好。

（7）和所有员工分享关键信息和成果

这有助于增强团队的向心力和员工的主动性，避免不必要的猜忌，而且还可使员工感受到自己在团队中的重要性，增强其自信心。

（8）培养团队精神

团队是依靠凝聚力和协作来完成目标的，强调的是整体性。身为团队领导者，应该努力使全体团队成员为实现共同的目标而全力以赴。如果团队中员工个人英雄主义过于强烈，即使能力再强，也未必能为共同目标作出多大贡献。对将个人利益凌驾于团队利益之上的个人英雄主义者，最好的办法就是请他体面地离开。

福特汽车公司前总裁、《A Better Idea：Redefining the Way Americans Work》一书的作者唐纳德在书中写道："我在福特汽车公司所获得的宝贵经验之一就是：我深信，团队合作能使美国所有公司和组织的业绩表现大大改善。"对美国公司如此，对中国企业自然也一样。

团结是塑造团队精神的前提

好的企业里，人们的工作关系融洽，各部门分工明确，各司其责，企业职工对企业福利和业绩十分满意，并且愿意为之努力工作。但这样一个好的机制并不是每个公司都能够做到的，它需要公司老板、主管和每个员工的协作。

（1）老板的努力

作为一个公司的最高主管，你必须了解公司员工，你可以直截了当地来打破层层障碍，以了解员工工作进度，看看他们是否遵循正确的作业程序。你需要了解的是：管理部门是否采用能达成公司理念的政策？管理部门对消除障碍是否有明确的对策？今年的对策够不够积极？是不是已完成任务？管理部门所管理、考核的事务是否正确？管理部门是否把资料公开、透明化？

如此一来，最高主管就可以发掘出隐藏于公司内部的问题，而每一名员工也都会知道公司制定目标的态度是认真的。英航顾客服务部门资深总经理柯来说："我们告诉公司的柜台员工：'你有使顾客快乐的责任。如果你有问题，赶快想办法解决。如果你不能解决，去找你的组长；如果组长也不能解决，他就会往上报。'"这是好方法，英航基层员工所不能解决的问题，最后都会送到董事长马歇尔桌上，让其去解决。这种方法颇为有效。它导致了各部门之间、上下级之间的健康合作关系。只有打破日常的管理障碍,公司员工才能真正服务顾客,才能发挥最大效用。

(2)员工的努力

作为一个普通员工,要把自己的利益与整体利益联系在一起,他必须遵守下列原则:工作应该自己去寻找,不要依靠和等待;要主动地去工作,而不是被别人所推动;要认识到:只有做艰难的工作才能锻炼自己,而专拣容易的工作会使自己没出息;要选择并努力解决复杂的工作,争取在每项工作之后都能有所进步;尽量把周围的人团结好,以此来作为动力,同心协力把工作出色地完成;对待自己的工作,要有充分的计划,如果长期性的计划已被确定,就要为达目的而忍耐,为希望而努力;对于自己的工作要有信心,如果失去信心,工作便不会有魄力,也不会持久,更不可能使工作有内容;头脑要保持灵敏,要随时留心周围的一切,不可有丝毫的漏洞,这是我们服务客户的精神;不要害怕工作中的摩擦,因为矛盾是进步之母,是积极之肥料,否则不会使人很快成熟。

(3)老板与员工的共同努力

日本企业家江和浩正就是这样一个善于将员工团结起来的人才管理高手,他貌不惊人,但为人随和、表里一致,有一种不可思议的魅力。日本国税局调查厅的有关人员曾到人才开发中心连续调查了两个星期,发现该公司人气很旺。问其缘故,江和浩正说:"是因为我们给职工的福利费比其他公司多了一位数。此外,我们公司还经常为职工举行告别会和宴会等等,还组织职工外出旅行。我这样做,是想为职工们创造一个较好的工作气氛。口头上的空喊是不行的,更重要的是要拿出实际措施,向职工提供大量相互交流、沟通的机会。"在公司里职工人人努力工作。到夜晚10点、11点钟,仍有办公室亮着灯。在工作忙的月份,女职工们加班120小时不足为奇。而江和浩正本人每天基本上要工作12小时。

"怎么样,身体好吗?"他经常亲切地向职工问候。他每年要出席三十多次职工的婚礼。过去他能报出全公司所有职工的名字，现在也能认出上千名职工；职工的小孩上小学，他送纪念品；职工过生日和有喜事，他去祝贺。总之，他把公司看作是个大家庭。这也是职工们乐于加班工作的原因之一。

江和浩正说："我的经营目标，就是要使职工感到值得在这里工作。为此，我在鹿儿岛开办了农场，又在岩手县的安比买下了铁路线旁的一块土地，在那里开办了旅馆、高尔夫球场和滑雪场地，但目的不是为了盈利，目前这部分经营仍是赤字。那么，开发安比的真正目的是什么呢？是使职工能有一个自己的'基地'。我生在战时，经受过战争带来的饥饿。今后如果万一发生大地震，出现粮食危机，我就把职工和他们的家属安排到安比基地，让他们自己养活自己。"

努力培育员工的信念和精神

信念和精神的力量是巨大的。就拿一个球队来说，技术最好、个人收入最高的球队不一定能取得胜利。竞技场上的最后赢家往往是那些有着强烈的求胜欲望和坚定的取胜信念的球队。因此，对于大多数管理者而言，信念管理都是一个当务之急。

信念管理是基于彼此信任的基础上建立的一种领导模式。何谓信念？信就是相信，念就是观念，你一定要相信自己的观念。但现在的人已不容易去相信一件事或一个人了，更不要说相信一个观念或一辈子的事。

一位西方哲人说："每天我们看到的事都是我们相信的事，我们听到的事也都是我们相信的事；我们看不到我们不相信的事，我们也听不到我们不相信的事。"虽然这几句话有点绕口，但却很有意思。当我们看到一件我们不愿意相信的事，我们不会相信那是真的；同理，当我们听到一件我们不愿意相信的事，等于我们没听到。同样，理解信念管理也是这个道理。

（1）了解自信

真正的自信是：你相信你要完成的每一件事都是可以完成的。

大部分的人都以为自己很有自信，其实那是自负，自负的人坚持自己所想的都是对的，但真正的自信却是对未来的一份肯定、对于可能达到的目标的相信。换言之，每个人在生命中都有一些目标、理想，你必须相信这些目标、理想是可以达到的，而不必去管这些目标、理想在过去是否被完成，或你现在有没有能力去完成，这就叫自信。

（2）学习自信

从你相信自己可以完成的事开始，在这个过程中，你可能会遭受许多批评、委屈和嘲笑，但那份自信是了然于心的努力与企图，是必须经过学习才能真正产生的，所以，你要有心理准备。

（3）具备自信

一个真正有自信的人，他会非常清楚自己的未来，他也知道每一个决定和事情到最后的结果是什么。要到这种层次，一定要经过认识信念、了解自信、学习自信三个阶段，最后，你就会具备自信了。

只有具备自信，在生活和工作中遇到任何困难和挑战，你都可以克服并安然度过。同时因为有这样的过程，你才能达到自己想要的生活、工作品质。

（4）回归生活的实践与达成

谈了这么多信念方面的东西，最后还是得回归到现实生活中，只有透过实践的过程，你才知道问题出在哪里。有人说，成功是一门验证的科学，它必须透过不断地做的过程，才会真正知道；自信也是一样，当你拥有信念后，最好的方式就是在生活中去实践。

35年前，日本电视剧《阿信》在我国播放，吸引了不少观众，人们被阿信的那种坚忍不拔地与命运抗争的信念所感动、所激励。虽然现在与阿信的时代大不一样，但阿信的信念在任何时代都是一个非常成功的要素。

与信念管理相对应，管理者还应下大力气培育员工的挑战精神。

在企业中往往会要求员工实现似乎无法完成的工作。这对于拥有若干下属的管理者而言是非常头痛的事。

人对没有自信的工作往往踌躇不前。如果无条件地委托交付，组织的业务必然遭到拖延。如何说服下属，不会遭到"我没有办法达成此项任务"、"是否能交给其他人处理"、"这超出我能力范围之内"等拒绝反应，是管理者的职责。

让下属养成一开始就勇于挑战困难的态度，仔细构思可利用何种帮助、何种方法、花费多少经费、在多少时间内可完成工作的习惯，是非常重要的。

人不可能生下来就是圣贤，也没有一个人一开始就能圆满地完成工作，惟有经过重重失败、反省、训练，才能超越他人，获得成功。无论是运动员还是艺术家，不经过反复苦练，是不可能成功的。

日常的工作亦同。惟有不畏失败，勇敢挑战，最后才能获得成功。无论是下属或是管理者，都需要有此种积极精神与挑战精神。

注意精神培训，加强凝聚力

凡是在精神方面缺乏进取的人，都会成为平庸者。管理者应当注重员工的精神培训，给他们注入追求更高目标的渴望欲。

松下电器公司是全球驰名的电器公司，松下幸之助作为这个公司的创始人则是商界用人制胜的典范。松下公司有着两个有意义的纪念日，一个是1918年3月7日，这是松下幸之助与他的夫人、内弟一起制造电器双插座的日子；另一个是1932年5月5日，这年他自命为"创业使命第一年",并定为松下公司正式纪念日。

松下幸之助认为,人在思想意志方面,有易动摇的弱点,因此,要使松下人为公司使命和目标奋斗的热情干劲持续下去,必须有诫条以时时提醒和告诫自己。这便产生了有名的松下精神七条,即:产业报国精神;光明正大精神;和亲一致精神;奋斗向上精神;礼貌谦让精神;适应形势精神和感恩报德精神。自1937年确定这七条以来,松下幸之助便相应地确定了一套对员工进行松下精神教育培训的有效方式。

(1)惯例性活动

一是反复诵读和领会,每天上午8时,松下公司遍布各地的8万多员工同时诵读松下精神,一起唱起松下公司歌。其意在牢记公司目标和使命,用松下精神鞭策自己。二是开展10分钟演讲,每隔一个月每个人都要在其所属团体中通过自己的演讲说明松下公司的精神同社会的关系。三是隆重举行新产品的出厂仪式。员工分乘大卡车,满载出厂新产品分赴各地有交易关系的商店。四是进行"入社"教育,将新员工轮换分派到许多不同性质的岗位上工作。有些专业人员,都要由基层做起,每一个人至少要用3~6个月时间在装配线或零售店工作。

(2)管理人员的教育指导

松下哲学认为,在现代商战和开展企业营销问题上,归根到底是人的问题。人是最为宝贵和尊贵的。人的优秀品行同商战制胜、企业经营的成功密切相关。要从平常人身上发掘不平凡的品质。松下非常重视用他的这种哲学影响教育员工。他要求每个员工都要有新目标,每天都要有新成就。只要将奋发向上的精神化为具体的要求反复诉说,就一定会收到好效果。

松下在进行教育指导上注意培养骨干力量,公司每个月举行一次干部学习会,相互交流、相互激励、勤勉律己,放手让下属干工作、做决定,决不去干预部门的工作。

松下的另一策略是要求各级管理人员必须学会培养自己与职工之间的

信任感，相互沟通思想感情。为员工树立榜样，用其特有的经验和精神影响员工。

（3）系统教育与自我教育

松下最早提出"经营即教育"，并认为"培养人和开发人的潜在能力问题，是企业经营的第一要义"。为达此目的，松下将松下精神、业务知识、工作技能一起作为人才培养的基本内容，并于1934年创办了职工训练学校，1972年又开设了特别培训中心，以后又创办了一所现代化高等学校，用以对国内外工作人员进行轮训教育。同时，松下特别倡导自我教育。教育员工根据松下精神自我解剖，确定目标，经常提出并回答如下问题：我有什么缺点？我在学习什么？我真正想做什么？等等。从而让员工在剖析后设置自己的目标，拟定自我发展计划，在强烈愿望驱使下自我激励，思考如何创新。

（4）奖励和重用

松下历来重视用奖励、提拔重用等手段激励培养松下精神。他喜好带访客参观工厂，会随便指着一位员工说："这是我最好的主管之一。"他认为这样做会形成一种好的气氛和工作创新环境。他还重视奖励提出意见和建议者，并对每一个建议进行评分，给予金钱报酬和团体奖励。对于下属的意见、建议，即使一时难以判断正确与否，他都会说："很好，让我们试试吧！"用以鼓励员工的进取精神和关心企业的行为。而对犯错误人的批评、责难、处罚，在松下公司也被认为是一种"训练"，为将来做准备，同样成为培养人才、发扬松下精神的措施。

松下的人才教育培养方式对松下公司发展产生了具大的推动力量，成为使设备、技术、结构和制度运转的活的因素，一种企业内在的力量，产生了巨大的凝聚力、导向力、感染力和影响力，对于松下在商战中长期处于不败之地起到了支柱作用。松下这种虚虚实实的管理方式在今天仍有很好的借鉴意义。